CHENGBENKUAIJISHIXUN

普通高等教育“十三五”应用型本科系列规划教材·会计与财务管理类

成本会计实训

主　编　白　宁　李瑞瑞

西安交通大学出版社
XI'AN JIAOTONG UNIVERSITY PRESS

内容提要

本实训教材融教和做于一体，着力培养学生的实践能力，所选择的实训资料均是具有代表性的企业资料。书中提供了大量的仿真空白原始凭证，使学生以不同的角色完成凭证的填制，突出角色的变换，培养学习者的实际操作能力。全书分为七章：第一章，总论；第二章，要素的归集与分配实训；第三章，辅助生产费用、制造费用和生产损失的归集与分配实训；第四章，生产费用在完工产品与在产品之间分配实训；第五章，成本核算的基本方法实训；第六章，成本核算的辅助方法实训；第七章，成本报表的编制与分析实训。

本书可作为应用型本科院校经济管理类各专业“成本会计”课程的配套实训教材，也可作为在职财会人员继续教育和进修培训的实训辅助用书。

前言

根据应用型人才培养的要求，本书融教和做于一体，重点培养学生的实践操作能力，所选择的实训资料具有代表性。书中提供了大量的空白表格，使学生以不同的角色完成表格的填制，突出角色的变换，培养学习者的实际动手能力。全书分为七章：第一章，总论；第二章，要素的归集与分配实训；第三章，辅助生产费用、制造费用和生产损失的归集与分配实训；第四章，生产费用在完工产品与在产品之间分配实训；第五章，成本核算的基本方法实训；第六章，成本核算的辅助方法实训；第七章，成本报表的编制与分析实训。

本书由白宁、李瑞瑞主编，具体分工如下：白宁负责全书的策划、统筹工作；李瑞瑞负责全书的审稿工作；白宁、李瑞瑞共同编写全书七章内容。

本教材中出现的人名、单位名称、开户银行及账号、数据和各种印鉴、票据等，都是作者从经济生活中虚拟而成，特此声明。

本书在撰写过程中，参考引用了一些文献资料，已在书后的参考文献中列出，在此，向文献资料的作者表示深深的谢意！还要特别感谢参与本书资料收集的马丽、谢华、申成、申鹏、王玥芸、安晓芬、孙慧娟、王蓉等8人。由于编者水平有限，加之时间仓促，疏漏、不妥之处在所难免。诚恳希望使用本书的师生及其他读者提出宝贵意见，以使教材更加完善。

编　者

2017年1月

目录

第一章 总 论

第一节 成本核算的要求

一、成本核算的目的

成本核算应当与企业经营管理相结合，所提供的成本信息应当满足企业经营管理和决策的需要。

二、正确划分各种费用界限

（一）正确划分生产经营管理费用和非生产经营管理费用

企业的经济活动是多方面的，费用的用途也是多种多样的，不同用途的费用，其列支的项目也不一样。凡是用于产品生产和销售、用于组织和管理生产经营活动以及为筹集生产经营资金所发生的各种支出，应作为企业日常生产经营管理活动中发生的费用，计入产品成本和期间费用。凡不属于企业日常生产经营管理活动中的支出，如企业为取得固定资产、无形资产发生的与几个会计年度相关的支出，应作为资本性支出，然后再通过一定的方式转入或摊入各期的成本费用；与企业生产经营活动无直接联系的各项支出，包括固定资产盘亏和毁损、固定资产报废清理的净损失、非常损失、赔偿金、违约金等应计入营业外支出，直接调整企业的利润总额。

（二）正确划分生产费用和经营管理费用

企业日常生产经营活动中所发生的各种耗费，其用途和列支的项目也是不同的。用于产品生产的费用包括直接材料、直接人工和制造费用应计入产品成本。而本月发生的销售费用、管理费用和财务费用，作为经营管理费用应计入期间费用。

（三）正确划分各个月份的费用

为了按月分析和考核产品成本和期间费用计划的完成情况，正确计算各月损益，还应将计入产品成本和期间费用的费用，划分为应由本月负担的费用和应由以后各月负担的费用：应由本月产品成本和期间费用负担的费用，应该全部计入本月产品成本和本月期间费用；本月发生，应由以后各月产品成本和期间费用负担的费用，应该记作预付账款、长期待摊费用等科目，分配计入以后各月产品成本和期间费用。

（四）正确划分各种产品的费用

生产多种产品的企业，为了分析和考核某种产品成本计划的完成情况，应由本月产品成本负担的生产费用，还必须在各种产品之间进行划分。凡能分清应由某种产品负担的费用，应直接计入这种产品成本；分不清应由哪种产品负担的费用，即各种产品共同发生的费用，则应采用适当的分配方法分配计入各种产品成本。

(五)正确划分完工产品和在产品的费用

月末，将各项生产费用计入各种产品之后，如果该种产品已全部完工，那么，这种产品的生产费用之和就是该种产品的完工产品成本。如果该种产品未全部完工，那么，这种产品的生产费用之和就是该种产品的月末在产品成本。如果该种产品既有完工产品又有在产品，那么这种产品的各项生产费用，还应采用适当的分配方法在完工产品与月末在产品之间进行分配，以便计算完工产品成本和月末在产品成本。

以上五个方面费用界限的划分过程，也就是产品生产成本的计算和各项期间费用的归集过程。在这一过程中，应贯彻受益原则，即何者受益何者负担费用，何时受益何时负担费用，负担费用的多少应与受益程度的大小成正比。

三、费用要素和产品成本项目

为了正确合理地组织产品成本和期间费用的计算，对企业生产经营过程中发生的各种费用可以按照不同的标准进行科学分类，其中最主要的是费用要素和产品成本项目两大类。

(一)费用要素

产品的生产过程，也是劳动对象、劳动手段和活劳动的耗费过程。因此，企业生产经营过程中发生的各种费用可分为劳动对象方面的费用、劳动手段方面的费用和活劳动方面的费用三大类，称为企业费用的三要素。为了具体地反映企业一定时期各种费用的构成和水平，还应在此分类的基础上，将费用进一步划分为以下九个费用要素：

(1)外购材料，指企业耗用的一切从外部购进的原料及主要材料、半成品、辅助材料、包装物、修理用备件和低值易耗品等。

(2)外购燃料，指企业耗用的一切从外部购进的各种燃料，包括固体、液体、气体燃料等。

(3)外购动力，指企业耗用的从外部购进的各种动力。

(4)工资，指企业应计入产品成本和期间费用的职工工资。

(5)计提的职工福利费，指企业按照工资总额的规定比例计提的职工福利费。

(6)折旧费，指企业按照规定计算的固定资产折旧费。出租固定资产的折旧费不包括在内。

(7)利息费用，指企业应计入财务费用的借款利息费用支出减去存款利息收入后的净额。

(8)税金，指应计入企业管理费用的各种税金，包括房产税、土地使用税、车船使用税、印花税等。

(9)其他费用，指不属于以上各要素的费用，例如邮电费、差旅费、租赁费、保险费、外部加工费等。

按照上列费用要素反映的费用，称为要素费用。

费用分成要素费用的作用在于：可以反映企业在一定时期内发生了哪些费用，数额各是多少，据以分析各个时期费用的结构和各种费用支出的水平；由于这种分类反映了外购材料和燃料费用以及职工工资的实际支出，因而可以为编制材料采购资金计划和劳动工资计划、核定储备资金定额和考核储备资金周转速度提供资料。

(二)产品成本项目

制造业的各种费用按其经济用途分类,首先应分为生产经营管理费用和非生产经营管理费用。生产经营管理费用按能否计入产品成本又分成计入产品成本的生产费用和不计入产品成本的期间费用。

1. 计入产品成本的生产费用

计入产品成本的生产费用在生产过程中的用途也各不相同。有的直接用于产品生产,有的间接用于产品生产。为了具体地反映计入产品成本的生产费用的各种用途,还应将其进一步划分为若干个项目,即产品生产成本项目,简称产品成本项目或成本项目。

制造业一般应设立以下成本项目:

(1)直接材料:是指直接用于产品生产、构成产品实体的原料和主要材料以及有助于产品形成的辅助材料。

(2)直接人工:是指直接参加产品生产的工人工资和按生产工人工资一定比例计提的职工福利费。

(3)制造费用:是指车间(或分厂)在产品制造过程中发生的下列费用:

①间接用于产品生产而没有专设成本项目的费用,例如机物料消耗、辅助工人工资、车间厂房折旧费等。

②直接用于产品生产但不便于直接计入产品成本,因而没有专设成本项目的费用,例如机器设备的折旧费等。

③为组织管理生产所发生的费用,例如车间管理人员工资、办公费等。

另外,计入产品成本的生产费用按计入产品成本的方式不同,可以分为直接费用和间接费用。直接费用是指能够分清哪种产品所耗用,可以直接计入某种产品成本的费用,如某种产品领用的材料、生产某种产品的工人工资等。间接费用是指不能分清哪种产品所耗用,不能直接计入某种产品成本,而必须按照一定标准分配计入有关的各种产品成本的费用,如机物料消耗、辅助工人工资、车间厂房折旧费等。

2. 不计入产品成本的期间费用

期间费用按其经济用途可分为销售费用、管理费用和财务费用。

四、做好各项基础工作

(1)建立和健全原始记录工作。

(2)做好定额的制定和修订工作。

(3)建立和健全材料物资的计量、收发、领退和盘点制度。

(4)做好内部结算价格的制定和修订工作。

五、适应生产特点和管理要求,采用适当的成本计算方法

由于企业生产工艺、生产特点和管理要求的不同,因而各个企业在进行成本核算时,会选用不同的成本核算方法进行成本的核算与管理。但是,每个企业必须根据生产特点和管理要求选择适合本企业的成本核算方法,以保证成本核算信息的正确性。

第二节 成本核算的一般程序

一、成本核算一般程序

成本核算的一般程序是指对企业在生产经营过程中发生的各项费用按照成本核算的要求，逐步进行分配和归集，最后计算出各种产品的生产成本和各项期间费用。根据成本核算要求和费用分类的阐述，制造企业成本核算的一般程序是：

(1)对企业在生产经营过程中发生的各项费用支出进行严格审核和控制，并按照国家的有关规定确定其是否计入产品成本和期间费用，以及应计入产品成本还是期间费用。即在区分生产经营管理费用和非生产经营管理费用的基础上，将生产经营管理费用划分为计入产品成本和计入期间费用两个部分。

(2)正确处理费用的跨期摊提工作。将本月实际支出而应该留待以后月份摊销的费用计入预付账款、长期待摊费用等科目，并将以前列作待摊费用而应由本月负担的部分摊入本月成本、费用；将以前月份尚未开支但应由本月负担的费用，预提计入本月的成本、费用。

(3)将应计入本月产品成本的各项生产费用，在各种产品之间按照成本项目进行分配和归集，计算出按成本项目反映的各种产品的成本。

(4)对于月末既有完工产品又有在产品的产品，将该种产品的生产费用(月初在产品生产费用与本月生产费用之和)，在完工产品与月末在产品之间进行分配，计算出完工产品成本与月末在产品成本。

二、成本核算的账户设置

为了进行成本核算，企业一般应设置“生产成本”总分类账户，在此总分类账户下分设“基本生产成本”、“辅助生产成本”两个二级账户，分别核算基本生产成本和辅助生产成本。为减少二级账户，简化会计分录，也可分设“基本生产成本”、“辅助生产成本”两个总分类账户。为了核算车间为组织生产发生的各项间接费用，应设置“制造费用”总分类账户。

(一)“基本生产成本”账户

基本生产是指为完成企业主要生产目的而进行的产品生产。为了归集进行基本生产所发生的各项生产费用和计算基本生产产品成本，应设置“基本生产成本”总分类账户。该账户借方登记企业为进行基本生产而发生的各项费用；贷方登记完工入库的产品成本；期末余额在借方，为月末在产品成本，即生产过程中占用的在产品资金。该账户按产品品种或产品批别、生产步骤等成本计算对象设置生产成本明细账(或称基本生产明细账、产品成本计算单)，明细账按产品成本项目分设专栏或专行进行明细登记。

(二)“辅助生产成本”账户

辅助生产是指为基本生产服务而进行的产品生产和劳务供应，例如工具、模具修理用备件等产品的生产和修理、运输、供电、供水等劳务的供应。辅助生产提供的产品和劳务，有时也对外销售，但这不是它的主要目的。为了归集进行辅助生产所发生的各项费用，计算辅助生产产品和劳务的成本，应设置“辅助生产成本”总分类账户。该账户借方登记为进行辅助生产而发生的各项费用；贷方登记完工入库产品的成本和分配转出的劳务费用；期末如有余额在借方，表示辅助生产在产品的成本。该账户应按辅助生产车间和生产的产品、劳务分设明细账，账中按辅助生产的成本项目或费用项目设专栏进行明细登记。

（三）“制造费用”账户

为了核算企业为生产产品和提供劳务而发生的各项制造费用，应设置“制造费用”总分类账户。该账户的借方登记实际发生的制造费用；贷方登记分配转出的制造费用；除季节性生产企业外，该账户月末应无余额。“制造费用”账户应按车间、部门设置明细账，明细账内按费用项目设专栏进行明细登记。

三、成本核算账务处理程序

结合成本核算的一般程序和成本核算的主要账户，制造业成本核算的一般程序分为以下几方面。

（1）归集和分配各项要素费用，从相关资产（如原材料、累计折旧、银行存款等）和负债（如应付工资、应付福利费、应付账款等）账户的贷方转入各成本、费用账户的借方。

（2）按权责发生制的要求，将应由本期负担的摊提费用分配计入成本费用，从预付账款、长期待摊费用的贷方转入各成本、费用账户的借方。

（3）分配辅助生产费用。将归集的辅助生产费用从其账户的贷方转入成本、费用账户的借方。

（4）分配制造费用。将归集的制造费用从其账户的贷方转入基本生产成本账户的借方。

（5）将基本生产成本账户归集的产品成本在本期完工产品和期末在产品之间分配，将完工产品成本从基本生产成本账户的贷方转入库存商品账户的借方。

第三节　成本会计实训要求

一、实训目的

成本会计实训是会计专业重要的实训之一，是在进行会计专业核心课程《成本会计》教学期间，为巩固和提高成本会计专业知识而开设的配套实训课程，目的是使学生能够针对制造企业的产品成本核算，通过填制各种生产费用分配表，明确要素费用的归集和分配；通过记账凭证的填制，巩固基础会计课程所学的相关专业知识；通过生产成本明细账的登记，掌握产品成本计算方法和计算程序，从而对工业企业成本核算全过程有一个系统、完整的认识。本实训课程的最终目的是使学生基本掌握制造企业产品成本核算的全过程，对成本会计理论和方法融会贯通的目的。

二、实训要求

（1）会计模拟实训的操作过程要符合会计法规。

（2）会计模拟实训的账务处理要符合会计核算原理。

（3）实训学生在实训操作前，必须做好一切准备工作，主要包括：全面复习所学的教材内容；熟悉有关准则、制度的规定；准备好实训操作的用品和用具等。

(4)实训学生必须根据《成本会计实训》的内容及要求,按质按量全面完成实训任务。

三、实训规范

(1)在整个实训过程中,字迹必须清晰、工整。

(2)填制各种要素费用的分配表。要求运用要素费用分配的基本公式,确定每种费用的分配对象和分配标准,计算出各个受益对象应承担的要素费用。

(3)根据提供的资料登记有关账户。要求按规定开设并过入期初余额,并保证期初的账户记录相互钩稽、账账相符。

(4)根据填制的费用分配表和提供实训资料,编制记账凭证(或会计分录)。要求运用复式记账方法,按会计核算规范的要求进行操作,凡已给出的记账凭证,应将编制的会计分录在记账凭证中列示,保证编制的记账凭证内容完整、数字准确、操作合规。

(5)登记生产成本明细账和其他各种相关的明细分类账。要求依据编制的记账凭证(或会计分录)及所附的原始凭证进行登记,并按规定结出余额。保证记账规范、内容完整、数字准确、账面清晰。

(6)运用生产成本明细账资料计算完工产品成本。运用在产品成本确定的方法确认期末在产品成本,计算本期完工产品的总成本和单位成本。

四、实训内容

本实训包括以下内容:

(1)材料费用的归集与分配;

(2)职工薪酬的归集与分配;

(3)其他费用的归集与分配;

(4)辅助生产费用的归集与分配;

(5)制造费用的归集与分配;

(6)废品损失费用的归集与分配;

(7)停工损失费用的归集与分配;

(8)生产费用在完工产品与在产品之间的分配;

(9)产品成本的计算方法——品种法;

(10)产品成本的计算方法——分批法;

(11)产品成本的计算方法——分步法;

(12)产品成本计算的其他方法——分类法、定额法;

(13)成本报表和成本分析。

第二章 要素的归集与分配实训

第一节 材料和外购动力费用的归集与分配实训

一、实训目的

通过本章实训，使学生熟悉直接材料费用归集与分配的程序，了解外购动力费用的内容和特点，掌握材料费用和外购动力费用归集和分配的方法，掌握相应的账务处理程序。

二、相关知识点

制造企业生产中消耗的各种材料，包括原料及主要材料、辅助材料、燃料、修理用备件及外购半成品等，按其来源，有外购的也有自制的。进行材料费用的核算，首先要将本期耗用的材料费用予以归集，进行材料发出的核算，再根据发出材料的用途，分配材料费用，将其计入各种产品成本和各经营管理费用。

(一)材料费用的归集

本期耗用的材料费用的归集，应根据领料单、限额领料单和领料登记表等发料凭证进行。会计部门应该对发料凭证所列材料的种类、数量和用途进行审核，只有经过审核无误的发料凭证才能据以发料，并作为材料发出、归集本期原材料耗用的原始凭证。为加强对材料费用的控制和核算，对于为生产产品所用并有消耗定额的原材料，应实行限额领料制度，采用限额领料单。限额以内的材料根据限额领料单领用，超过限额的材料领用，应另填领料单，说明理由并经主管人员批准后才能领料。

生产车间已领未用的余料，应编制退料单，据以退回仓库。对于已领未用但下月需要继续耗用的材料，可采用“假退料”办法，即材料实物不动，同时编制一份本月退料单和一份下月的领料单，表示该项余料一方面退库冲减本月发出材料数量和金额，另一方面又作为下月份的领料出库。

为进行材料的收发和结存的明细核算，企业应按材料的品种、规格设立材料明细账，根据收发凭证及退料凭证登记收发材料的数量和金额，并根据期初结存数量和金额及本期收发材料的数量和金额，计算归集本期耗用的原材料费用及期末结存的原材料数量和金额。

企业材料收发结存的核算，可按照材料的实际成本计价进行，也可在“原材料”账户中按计划成本核算，月末应把本期耗用的原材料计划成本通过发出成本差异调整为实际成本。

(二)材料费用的分配

企业某一时期耗用的材料费用数额,即该期发出材料的实际成本,应根据审核无误的领退料凭证,按照材料的具体用途进行分配。将其中直接用于产品生产的材料费用计入跟各种产品有关的直接材料成本项目;用于组织和管理生产及维修生产设备等的原材料计入"管理费用"、"制造费用"账户,同时计入这些明细账中相应的费用项目中;将用于建造固定资产的材料费用,计入"在建工程"。

1.原材料费用分配的核算

生产产品领用的原材料,如果直接是为生产某种产品发生的,应根据领料凭证直接计入该产品成本;如果是为生产多种产品共同发生的,就需要采用较合理又较简便的分配方法,分配计入各种产品。在材料消耗定额比较准确的情况下,对于几种产品共同耗用的原材料,一般运用材料定额消耗量的比例或材料定额费用的比例进行分配。

2.燃料费用分配的核算

燃料费用分配的程序和方法与原材料分配的程序和方法相同。

燃料费用比重较大,与动力费用一起专门设立"燃料和动力"成本项目的情况下,企业应增设"燃料"账户,将燃料费用单独进行分配。直接用于产品生产的燃料,如果领用时能分清产品归属,应根据领退料凭证直接计入各产品成本的"燃料和动力"成本项目;如领用时不能分清产品归属,应采用适当的分配方法,分配计入各有关产品成本的成本项目。分配的标准可以是燃料的定额消耗量或定额费用,也可以是产品的重量体积等与燃料消耗相关的标准。直接用于辅助生产的燃料费用、用于生产车间一般消耗的燃料费用、专设销售机构耗用的燃料费用及管理部门用于组织和管理生产经营活动的燃料费用,应分别分配计入"辅助生产成本"、"制造费用"、"销售费用"和"管理费用"等账户的借方。已领用的燃料总额,应计入"燃料"账户的贷方。

3.周转材料的处理

周转材料是指企业能够多次使用、逐渐转移其价值但仍保持原有形态不确认为固定资产的材料,如包装物和低值易耗品,应当采用一次摊销法或者五五摊销法进行摊销;企业(建造承包商)的钢模板、木模板、脚手架和其他周转材料等,可以采用一次摊销法、五五摊销法或者分次摊销法进行摊销。

(三)外购动力费用的归集和分配

企业耗用的动力如电力、蒸汽等,可能来源于外购和自制两个方面。自制动力由于其费用归集于辅助生产车间,故其费用的归集和分配属于辅助生产费用的核算,将在第三章讲述。本节讨论外购动力费用的归集和分配。

1.外购动力费用的归集

为正确计算产品成本,企业归集的本期外购动力费用,应该是本期期初至期末为本期所实际耗用的动力费用,而不论其是否已经支付款项。外购动力费用一般不是在每月月末支付,而是在每月上、中旬的某日支付,支付的是上月付款日至本月付款日这一期间的动力费用。因此本月支付的费用并不一定等于本月应归集和分配的外购动力费用。在实际工作中,支付和分配外购动力费用一般通过"应付账款"账户核算,即在付款时先作为负债的减少,借记"应付账款"账户,贷记"银行存款"账户;月末,按本月应分配的费用数在受益部门分配时,再借记各成本、费用账户,贷记“应付账款”账户。按照上述方法核算,“应付账款”账户借方所记本月所付动力费用与贷方所记本月应付动力费用往往不相等,从而出现月末余额。如果是借方余额,为本月支付款大于应付款的多付动力费用,相当于预付款,可以冲抵下月应付费用;如果是贷方余额,为本月应付款大于支付款的应付未付动力费用,可以在下月支付。尤其在供电部门预收电费然后供电的情况下,“应付账款”反映的外购动力费用经常是借方余额。

如果每月支付动力费用的日期基本固定,而且每月付款日到月末的应付动力费用相差不大,这种情况下也可以不通过“应付账款”账户核算,而将每月支付的动力费用作为归集的应付动力费用,按受益部门和受益数量进行分配,付款时直接借记各成本、费用账户,贷记“银行存款”账户。因为在这种情况下,各月付款日到月末的应付动力费用可以相互抵消,不影响各月动力费用核算的正确性。

2.外购动力费用的分配

外购动力有的直接用于产品生产,例如车间设备动力用电、生产工艺用电;有的间接用于生产,例如生产车间照明采暖用电;有的用于经营管理,如行政管理部门照明用电。这些动力费用的分配,在有仪表记录的情况下,应根据仪表所示耗用动力的数量以及动力的单价计算。在没有仪表的情况下,可按生产工时的比例、机器功率时数(机器功率×机器工作工时)的比例或定额消耗量的比例分配。各车间、部门的动力用电和照明用电一般都分别装有电表,因此外购电力费用在各车间、部门的动力用电和照明用电之间,一般按用电度数分配。车间的动力用电,一般无法按产品分别安装电表,因而,车间动力用电费在各种产品之间一般按产品的生产工时、机器工时、定额耗电量等分配标准进行分配。如果产品成本明细账专设有“燃料和动力”成本项目,则产品所用应负担的动力用电、工艺用电及燃料费用,应单独计入“基本生产成本”总账及所属有关产品成本明细账中“燃料和动力”成本项目。直接用于辅助生产的动力费用,用于基本生产的间接动力费用(如车间照明电费),用于组织和管理生产经营活动的动力费用(如行政管理部门照明电费),用于生活福利设施的动力费用,应分别计入“辅助生产成本”、“制造费用”、“管理费用”、“应付职工薪酬”总账账户和所属明细账的借方。外购动力费用总额应根据相关的转账凭证或付款凭证计入“应付账款”或“银行存款”账户的贷方。

三、实训资料

新华工厂设有三个车间:一个基本生产车间及运输、机修两个辅助生产车间。基本生产车间2016年8月份生产甲、乙、丙三种产品。辅助生产车间为基本生产车间和工厂其他部门提供运输和修理服务。新华工厂属于增值税一般纳税人。

已知产量及消耗定额如下:

甲、乙、丙三种产品共耗用C材料1 700千克,每千克3.50元。甲产品实际产量为16件,单位产品材料定额耗用量为2.50千克;乙产品实际产量为11件,单位产品材料定额耗用量为2.50千克;丙产品实际产量为28件,单位产品材料定额耗用量为3.50千克。甲、乙、丙产品采用定额耗用量比例法分配C材料费用。周转材料在8月、9月、10月和11月4个月摊销。

制造费用账户核算基本生产车间的制造费用,辅助生产车间的制造费用不通过制造费用账户核算。

原始资料如下:

(一)领料单

表 2-1 领料单 NO:001

领料部门:生产车间 2016 年 8 月 1 日 发料仓库:第一仓库

材料编号	材料名称	规格	单位	数量		价格	
				请领	实发	单价	金额
	A		千克	400	400	21	8 400
用途	甲产品耗用			备注			

第二联 记账联

部门主管:李立 批准人:张淼 领料人:海波 仓库:黄西 制单:张文

表 2-2 领料单 NO:002

领料部门:生产车间 2016 年 8 月 1 日 发料仓库:第一仓库

材料编号	材料名称	规格	单位	数量		价格	
				请领	实发	单价	金额
	B		千克	800	800	10	8 000
用途	乙产品耗用			备注			

第二联 记账联

部门主管:李立 批准人:张淼 领料人:海波 仓库:黄西 制单:张文

表 2-3 领料单 NO:005

领料部门:机修车间 2016 年 8 月 6 日 发料仓库:第二仓库

材料编号	材料名称	规格	单位	数量		价格	
				请领	实发	单价	金额
	D		千克	250	250	8	2 000
用途	机物料耗用			备注			

第二联 记账联

部门主管:李立 批准人:张淼 领料人:海波 仓库:黄西 制单:张文

表 2-4 领料单 NO:006

领料部门:运输车间 2016 年 8 月 7 日 发料仓库:第二仓库

材料编号	材料名称	规格	单位	数量		价格	
				请领	实发	单价	金额
	D		千克	100	100	8	800
用途	机物料耗用			备注			

第二联 记账联

部门主管:李立 批准人:张淼 领料人:海波 仓库:黄西 制单:张文

表 2-5 领料单　　NO:007

领料部门:运输车间　　2016 年 8 月 12 日　　发料仓库:第二仓库

材料编号	材料名称	规格	单位	数量		价格	
				请领	实发	单价	金额
	E		千克	90	90	11	99
用途	周转材料耗用			备注			

第二联 记账联

部门主管:李立　批准人:张淼　领料人:海波　仓库:黄西　制单:张文

表 2-6 领料单　　NO:008

领料部门:机修车间　　2016 年 8 月 17 日　　发料仓库:第二仓库

材料编号	材料名称	规格	单位	数量		价格	
				请领	实发	单价	金额
	E		千克	100	100	11	1 100
用途	周转材料耗用			备注			

第二联 记账联

部门主管:李立　批准人:张淼　领料人:海波　仓库:黄西　制单:张文

表 2-7 领料单　　NO:009

领料部门:生产车间　　2016 年 8 月 1 日　　发料仓库:第二仓库

材料编号	材料名称	规格	单位	数量		价格	
				请领	实发	单价	金额
	D		千克	150	150	8	1 200
用途	机物料耗用			备注			

第二联 记账联

部门主管:李立　批准人:张淼　领料人:海波　仓库:黄西　制单:张文

表 2-8 领料单　　NO:010

领料部门:生产车间　　2016 年 8 月 22 日　　发料仓库:第二仓库

材料编号	材料名称	规格	单位	数量		价格	
				请领	实发	单价	金额
	E		千克	50	50	11	55
用途	周转材料耗用			备注			

第二联 记账联

部门主管:李立　批准人:张淼　领料人:海波　仓库:黄西　制单:张文

表 2-9 领料单

NO:011

领料部门:机修车间　　2016 年 8 月 24 日　　发料仓库:第二仓库

材料编号	材料名称	规格	单位	数量		价格	
				请领	实发	单价	金额
	F		千克	30	30	7	210
用途	机修耗用			备注			

第二联 记账联

部门主管:李立　　批准人:张淼　　领料人:海波　　仓库:黄西　　制单:张文

表 2-10 领料单

NO:012

领料部门:运输车间　　2016 年 8 月 25 日　　发料仓库:第二仓库

材料编号	材料名称	规格	单位	数量		价格	
				请领	实发	单价	金额
	F		千克	40	40	7	280
用途	机修耗用			备注			

第二联 记账联

部门主管:李立　　批准人:张淼　　领料人:海波　　仓库:黄西　　制单:张文

表 2-11 领料单

NO:013

领料部门:生产车间　　2016 年 8 月 25 日　　发料仓库:第二仓库

材料编号	材料名称	规格	单位	数量		价格	
				请领	实发	单价	金额
	F		千克	20	20	7	140
用途	机修耗用			备注			

第二联 记账联

部门主管:李立　　批准人:张淼　　领料人:海波　　仓库:黄西　　制单:张文

表 2-12 领料单

NO:014

领料部门:管理部门　　2016 年 8 月 25 日　　发料仓库:第二仓库

材料编号	材料名称	规格	单位	数量		价格	
				请领	实发	单价	金额
	F		千克	5	5	7	35
用途	机修耗用			备注			

第二联 记账联

部门主管:李立　　批准人:张淼　　领料人:海波　　仓库:黄西　　制单:张文

(二)各部门用电汇总表

表 2 - 13　各部门用电汇总表

2016 年 8 月　　　　单位:度

部门	生产用电	照明用电	合计
生产部门	4 300	300	4 600
机修车间	—	280	280
运输车间	—	150	150
管理部门	—	300	300
合计	4 300	1 030	5 330

每度电:0.7 元

(三)电费发票

表 2 - 14　增值税专用发票

开票日期:2016 年 8 月 31 日　　　　№:0324812

<table>
<tr><td rowspan="2">购货单位</td><td>名　称</td><td colspan="4">新华工厂</td><td colspan="9">纳税人登记号</td><td colspan="10">3201024590886555</td></tr>
<tr><td>地址、电话</td><td colspan="4">贺兰山路 62 号</td><td colspan="9">开户银行及账号</td><td colspan="10">建行 3021886887</td></tr>
<tr><td colspan="2" rowspan="2">货物或应税劳务名称</td><td rowspan="2">计量单位</td><td rowspan="2">数量</td><td rowspan="2">单价</td><td colspan="9">金　额</td><td rowspan="2">税率%</td><td colspan="9">税　额</td></tr>
<tr><td>百</td><td>十</td><td>万</td><td>千</td><td>百</td><td>十</td><td>元</td><td>角</td><td>分</td><td>百</td><td>十</td><td>万</td><td>千</td><td>百</td><td>十</td><td>元</td><td>角</td><td>分</td></tr>
<tr><td colspan="2">电力</td><td>千度</td><td>4</td><td>0.8</td><td></td><td></td><td></td><td>3</td><td>7</td><td>3</td><td>1</td><td></td><td></td><td>17</td><td></td><td></td><td></td><td></td><td>6</td><td>3</td><td>4</td><td>2</td><td>7</td></tr>
<tr><td colspan="2"></td><td></td><td></td><td></td><td></td><td></td><td></td><td></td><td></td><td></td><td></td><td></td><td></td><td></td><td></td><td></td><td></td><td></td><td></td><td></td><td></td><td></td><td></td></tr>
<tr><td colspan="2"></td><td></td><td></td><td></td><td></td><td></td><td></td><td></td><td></td><td></td><td></td><td></td><td></td><td></td><td></td><td></td><td></td><td></td><td></td><td></td><td></td><td></td><td></td></tr>
<tr><td colspan="5">合　计</td><td></td><td></td><td></td><td>3</td><td>7</td><td>3</td><td>1</td><td></td><td></td><td>17</td><td></td><td></td><td></td><td></td><td>6</td><td>3</td><td>4</td><td>2</td><td>7</td></tr>
<tr><td colspan="2">价税合计(大写)</td><td colspan="22">肆仟叁佰陆拾伍元贰角柒分　　¥:4365.27</td></tr>
<tr><td rowspan="2">销货单位</td><td>名　称</td><td colspan="4">宁夏供电局</td><td colspan="9">纳税人登记号</td><td colspan="10">3201024590887432</td></tr>
<tr><td>地址、电话</td><td colspan="4">贺兰山路 41 号</td><td colspan="9">开户银行及账号</td><td colspan="10">建行 3021886688</td></tr>
</table>

第四联　记账联

开票人:王海　　　　开票单位:宁夏税务局

(四)支付电费的支票存根

表 2-15　转账支票存根

中国建设银行
转账支票存根　(宁)
支票号码：XII　006409
科目＿＿＿＿＿＿＿＿＿＿
对方科目＿＿＿＿＿＿＿＿
出票日期　2016 年 8 月 31 日

收 款 人：	宁夏供电局
金　　额：	4365.27 元
用　　途：	电费
备　　注：	

单位主管：　　　　会计：
复　　核：　　　　记账：

(五)生产工时统计表

表 2-16　生产工时统计表

2016 年 8 月　　　　单位：工时

产品名称	生产工时
甲产品	2 200
乙产品	1 800
丙产品	2 200
合计	4 800

四、实训要求

(1)根据领料单，编写领料凭证汇总表。

(2)根据领料凭证汇总表，编写材料费用分配表。

(3)根据领料凭证汇总表，编写周转材料摊销表。

(4)根据各部门用电汇总表、电费发票及支付凭证、生产工时统计表，编写外购动力费用分配表(按照生产工时分配)。

(5)编制相关记账凭证。

五、实训用表

本节实训用表见附表 2-1-1 至附表 2-1-4。

第二节　工资费用的分配实训

一、实训目的

通过对生产工人工资进行归集和分配，了解职工薪酬的内容和特点，使学生掌握分配生产工人工资归集和分配的方法，学会相应的账务处理程序。

二、相关知识点

（一）工资费用的归集

会计部门应该根据计算的每个职工工资，按车间、部门分别编制工资结算单，结算单中按照职工类别和姓名分行填列应付每一职工的各种工资、代发款项（如代发交通补贴、冷饮费等）、代扣款项（如代扣住房公积金、养老保险金、失业保险金、医疗保险金、工会费、个人所得税等）和应发金额，作为与职工进行工资结算的依据。在工资结算单中，应付工资的金额即为归集的应分配计入成本、费用的工资费用。但为了汇总反映各车间和部门应付工资、代扣款项、实发金额的情况，一般都要根据工资结算单，按车间、部门编制“工资结算汇总表”。

（二）工资费用的分配

企业对每月发生的工资费用，应按其用途和财务制度的有关规定进行分配，计入本月的成本、费用或在规定的资金渠道列支。

（1）基本生产车间产品生产工人的工资，计入“基本生产成本”账户借方及所属明细账的“直接人工”成本项目。

（2）基本生产车间管理人员的工资，计入“制造费用”账户借方。

（3）行政管理人员的工资及长期病假人员的工资，计入“管理费用”账户借方。

（4）专职销售人员的工资，计入“销售费用”账户借方。

（5）从事基本建设工程的人员工资，计入“在建工程”账户借方。

（6）生活福利部门人员的工资，计入“应付职工薪酬”账户借方，由职工福利费列支，不计入成本费用。

（7）辅助车间工人、管理人员的工资，如企业分设“辅助生产成本”和“制造费用——辅助车间”账户核算的，分别计入上述账户借方；如企业辅助生产费用均在“辅助生产成本”账户核算，则将辅助车间的工资费用均计入“辅助生产成本”账户借方；已分配的工资总额，应计入“应付职工薪酬”账户的贷方。如果有未参加劳动保险社会统筹的职工，其离退休工资仍由企业发放，但他们的工资不属于工资总额的范围，不应通过“应付职工薪酬”账户核算，在发放时直接借记“管理费用”账户，贷记“库存现金”或“银行存款”账户。

在分配基本生产车间工人的工资费用时，其计件工资属于直接计入费用，只需直接计入该产品的成本明细账的“直接人工”成本项目。而计时工资、奖金、津贴及补贴等工资费用一般属于间接计入费用，应按直接计入工资的比例或生产工时比例，分配计入有关产品成本的“直接人工”成本项目。如果取得各产品的实际生产工时数据比较困难，而各种产品的单件工时定额比较准确，也可以按产品的定额工时比例分配工资费用。

三、实训资料

新明工厂是一家生产车床的企业，设有一个基本生产车间和一个辅助生产车间，生产甲、乙两种产品。生产车间有工人6名，车间管理人员1名。辅助生产车间有工人2名，车间管理人员1名。厂部管理人员5名。2016年3月份各部门的工资结算凭证有关资料如下：

表2－17 工资结算单

部门：生产车间　　2016年3月　　单位：元

姓名	职务	应付项目						应付工资	代扣款项			实发工资
		基本工资	计件工资	岗位津贴	夜班津贴	副食补贴	加班工资		水电费	社会保险费	所得税	
张瑞峰	车间主任	3 500	0	300	150	60	80	4 090	15	140	225	3 711
周瑞瑞	工人（甲产品）	0	1 000	200	120	60	40	1 420	18	0	0	1 402
张小凡	工人（甲产品）	0	1 500	200	100	60	40	1 900	15	0	12	1 873
赵文博	工人（乙产品）	0	1 500	200	100	60	40	1 900	16	0	12	1 872
邱秀丽	工人（乙产品）	0	1 800	200	150	60	40	2 250	12	0	34	2 204
宋新平	工人	1 500	0	200	300	60	40	2 100	18	60	24	1 998
朱慧	工人	1 000	0	200	120	60	40	1 420	12	40	0	1 368
合计		6 000	5 800	1 500	1 040	420	320	15 080	106	240	307	14 428

表2－18 工资结算单

部门：辅助车间　　2016年3月　　单位：元

姓名	职务	应付项目					应付工资	代扣款项			实发工资
		基本工资	岗位津贴	夜班津贴	副食补贴	加班工资		水电费	社会保险费	所得税	
张一鸣	车间主任	3 000	300	300	60	60	3 720	14	120	154	3 432
马向东	工人	2 000	200	120	60	60	2 420	12	80	51	2 277
高静	工人	2 500	200	100	60	60	2 900	18	100	103	2 678
合计		7 500	700	520	180	180	9 040	44	300	308	8 388

表2－19 车间产品耗用工时报告单

车间	产品	生产耗用工时	备注
基本生产车间	甲产品	15 850	
	乙产品	14 350	
合计		30 200	

表 2-20　工资结算表

部门:管理部门　　2016 年 3 月　　单位:元

姓名	职务	应付项目					应付工资	代扣款项			实发工资
		基本工资	岗位津贴	夜班津贴	副食补贴	加班工资		水电费	社会保险费	所得税	
张文	管理	2 000	200	150	60	40	2 450	14	80	34	2 322
李鑫	管理	1 000	200	120	60	80	1 460	16	40	0	1 404
张明	管理	1 800	200	300	60	80	2 440	14	72	53	2 301
冯帆	管理	2 000	200	300	60	80	2 640	17	80	69	2 474
张浩	管理	1 000	200	100	60	8	1 440	12	40	0	1 388
合计		7 800	1 000	970	300	360	10 430	73	312	156	9 889

四、实训要求

(1)按车间、部门编制工资结算汇总表。

(2)按定额工时比例分配甲、乙两种产品生产工人工资及福利费。

(3)编制工资及福利费的分配表。

(4)编制工资费用分配的会计分录。

五、实训用表

本节实训用表见附表 2-2-1 至附表 2-2-2。

第三节　折旧费用的归集与分配实训

一、实训目的

通过对模拟企业折旧费用进行归集和分配,了解折旧费用的内容和特点,掌握折旧费用归集和分配的方法及相应的账务处理。

二、相关知识点

进行折旧费用的核算,先要计算折旧,然后分配折旧费用。

一般企业固定资产折旧的计算方法主要是年限平均法;对于大型单台设备,也可用工作量法。在某些行业,报经备案后可采用双倍余额递减法或年数总和法。采用不同方法计算的各期折旧费用是不同的,因而直接影响企业某期的成本、费用水平。企业应注意选择适当的折旧计算方法。某项固定资产的折旧方法一经确定,不得随意变更。

基本生产车间的设备、房屋等的折旧额,应计入“制造费用”账户。其他部门使用的固定资产折旧,按其使用地点和用途,计入有关成本、费用账户。一般而言,折旧费用的分配方法是:

基本生产车间的折旧费用，计入“制造费用”账户；辅助生产车间的折旧费用，计入“辅助生产成本”账户；行政管理部门的折旧费用，计入“管理费用”账户；专设销售机构的折旧费用，计入“销售费用”账户；经营租赁固定资产计提的折旧，计入“其他业务支出”账户。

固定资产折旧一般应按月计提。月末，会计部门应根据计算的结果，编制“折旧费用分配表”，据以进行折旧的账务处理。

三、实训资料

大弘工厂是一家生产化工原料企业，企业有一个基本生产车间和两个辅助生产车间，一个供电车间和废水处理车间。基本生产车间和辅助生产车间的固定资产折旧都通过“制造费用”科目核算。

原始资料如下：

表 2－21 固定资产一览表

2016 年 8 月 单位：元

部门	固定资产名称	原值	月折旧率(%)
生产车间	房屋建筑	500 000	0.2
	机器等设备	400 000	0.8
	运输工具	20 000	0.6
供电车间	房屋建筑	300 000	0.3
	机器等设备	100 000	0.7
	运输工具	10 000	0.5
废水处理车间	房屋建筑	100 000	0.3
	机器等设备	200 000	0.7
	运输工具	15 000	0.6
管理部门	房屋建筑	300 000	0.4
	机器等设备	30 000	0.7
合计		1 975 000	

四、实训要求

(1)根据固定资产一览表，编制 2016 年 8 月份固定资产折旧计算明细表。

(2)根据固定资产折旧计算明细表，编制固定资产折旧汇总表。

(3)根据固定资产折旧汇总计算表，编写有关记账凭证。

五、实训用表

本节实训用表见附表 2－3－1 至附表 2－3－2。

第三章　辅助生产费用、制造费用和生产损失的归集与分配实训

第一节　辅助生产费用的归集与分配实训

一、实训目的

通过对模拟企业的辅助生产费用进行归集和分配，了解辅助生产费用的内容和特点，掌握辅助生产费用归集和分配的各种方法及其特点，学会相应账务处理程序。

二、相关知识点

辅助生产费用的归集，是通过“辅助生产成本”账户进行的。辅助生产车间发生的直接费用，如直接材料、直接人工等，直接记入“辅助生产成本”账户的借方。发生的制造费用，如折旧费、修理费等一般先通过“制造费用——××辅助生产车间”账户借方归集，月末再转入“辅助生产成本”账户的借方。

辅助生产车间所发生的各项费用，已全部归集到“辅助生产成本”账户的借方，月末，辅助生产成本应按照一定的方法和分配比例分配给各受益对象。企业辅助生产车间如果生产工具、模具等产品，应在产品完工时，借记“周转材料”、“原材料”等账户，贷记“辅助生产成本”账户。辅助生产车间提供的水、电、汽、修理、运输等劳务所发生的费用，要在各受益单位之间按照标准所耗用数量或其他比例进行分配，借记“基本生产成本”、“制造费用”、“管理费用”等账户，贷记“辅助生产成本”账户。

辅助生产费用的分配方法主要有直接分配法、交互分配法、计划成本分配法、代数分配法和顺序分配法，本次实训内容主要针对直接分配法、交互分配法、计划成本分配法和代数分配法。

三、实训资料

大华工厂设有供电、机修两个辅助生产车间，第一、第二两个基本生产车间。第一生产车间生产甲产品、第二生产车间生产乙产品。

已知该工厂辅助车间的制造费用不通过“制造费用”账户核算。

原始资料如下：

(一)材料费用分配表

表 3-1　材料费用分配表

2016 年 8 月　　单位:元

分配对象		成本项目	金额
第一车间	甲产品	直接材料	153 000
第二车间	乙产品	直接材料	234 300
辅助生产车间	供电车间	材料费	49 360
	机修车间	材料费	4 590
	小计		53 950
管理部门		修理费	350
合计			441 600

(二)职工薪酬费用分配汇总表

表 3-2　职工薪酬费用分配汇总表

2016 年 8 月　　单位:元

分配对象		成本项目	金额
第一车间	甲产品	直接人工	13 450
第二车间	乙产品	直接人工	33 420
辅助生产车间	供电车间	工资	6 890
	机修车间	工资	2 750
	小计		9 640
管理部门		工资	7 690
销售部门		工资	9 280
合计			73 480

(三)折旧费用

表 3-3　固定资产折旧计算表

2016 年 8 月　　　　单位:元

项目		固定资产名称	原值	月折旧率(%)	月折旧额
基本生产车间	第一车间	房屋建筑物	200 000	0.2	40 000
		设备	500 000	0.8	400 000
	第二车间	房屋建筑物	400 000	0.6	240 000
		设备	20 000	0.3	6 000
辅助生产车间	供电车间	房屋建筑物	300 000	0.7	210 000
		设备	100 000	0.5	50 000
	机修车间	房屋建筑物	10 000	0.3	3 000
		设备	100 000	0.7	70 000
管理部门		房屋建筑物	300 000	0.4	120 000
		设备	30 000	0.7	21 000
合计			1 960 000		1 106 000

(四)办公费用和其他费用汇总表

表 3-4　办公费用和其他费用汇总表

2016 年 8 月　　　　单位:元

项目		成本项目	金额
基本生产车间	第一车间	办公费	280
		其他	7 720
		小计	8 000
	第二车间	办公费	460
		其他	8 720
		小计	9 180
辅助生产车间	供电车间	办公费	360
		其他	5 400
		小计	5 760
	机修车间	办公费	320
		其他	8 860
		小计	9 180
管理部门	管理部门	办公费	720
		其他	5 600
		小计	6 320
合计			38 440

(五)辅助生产车间提供劳务明细表

表 3-5 辅助生产车间提供劳务明细表

2016 年 8 月

项目	供电车间(千瓦时)	机修车间(工时)
供电车间	—	300
机修车间	4 350	—
第一生产车间	3 650	1 260
第二生产车间	3 200	910
管理部门	2 300	70
销售部门	8 000	230
合计	21 500	2 770

计划成本:供电车间每千瓦时 0.80 元;机修车间每工时 5 元。

四、实训要求

(1)采用直接分配法进行辅助生产成本的归集和分配。

(2)采用交互分配法进行辅助生产成本的归集和分配。

(3)采用代数分配法进行辅助生产成本的归集和分配。

(4)采用计划成本分配法进行辅助生产成本的归集和分配。

五、实训用表

本节实训用表见附表 3-1-1 至附表 3-1-4。

第二节 制造费用的归集与分配实训

一、实训目的

熟悉制造费用归集的程序,掌握制造费用分配方法与账务处理。

二、相关知识点

制造费用是指制造业为生产产品和提供劳务而发生的不能直接计入产品成本的各项间接费用,包括车间管理人员工资及福利费、机物料消耗、折旧费、修理费、办公费、水电费、劳动保护费、租赁(不包括融资租赁)费、试验检验费、周转材料摊销以及季节性及修理期间停工损失等。

制造费用的归集和分配应该通过“制造费用”总账账户进行。该账户应按不同的车间、部门设立明细账,账内再按照费用项目设立专栏,分别反映各车间、部门制造费用的发生情况。“制造费用”账户是集合分配账户,借方反映制造费用的实际发生数,贷方反映制造费用的分配数，除按年度计划分配率法分配制造费用的企业外，“制造费用”账户月末应无余额。在归集制造费用时，应根据费用发生的有关凭证和各种费用分配表，如前述各种要素费用分配表，借记“制造费用”账户，贷记各有关账户。

制造费用分配是否准确合理，关键在于选择适当的分配标准。分配制造费用的方法很多，常用的有生产工人工时比例法、生产工人工资比例法、机器工时比例法和年度计划分配率分配法等。

三、实训资料

大明企业机床加工大型企业，主要生产甲产品。

2016 年 12 月份大明企业基本生产车间的制造费用如下：

(1)12 月 30 日 50 号凭证领用甲材料为一般消耗 12 450 元。

(2)12 月 30 日 51 号凭证应付职工薪酬 41 000 元。

(3)12 月 30 日 52 号凭证职工福利费 5 260 元。

(4)12 月 30 日 53 号凭证生产设备折旧费 1 740 元。

(5)12 月 30 日 54 号凭证缴纳水电费 25 240 元。

(6)12 月 30 日 55 号凭证车间修理费 1 800 元。

(7)12 月 30 日 56 号凭证缴纳保险费 2 320 元。

(8)12 月 30 日 57 号凭证缴纳邮电费 2 240 元。

(9)12 月 30 日 58 号凭证其他费用 3 900 元。

四、实训要求

(1)根据大明企业本月的有关费用资料，填制“制造费用明细账”，确定制造费用的待分配数。

(2)根据“生产工时比例分配法”进行分配。

(3)根据“生产工资比例分配法”进行分配。

(4)根据“机器工时比例分配法”进行分配。

(5)根据“年度计划分配法”进行分配。

(6)根据“制造费用分配表”编制记账凭证。

五、实训用表

本节实训用表见附 3－2－1 至附表 3－2－8。

第三节　废品损失的归集与分配实训

一、实训目的

通过实训，了解废品损失的归集与分配方法。

二、相关知识点

(一)不可修复废品损失的核算

进行不可修复废品损失的核算,先应计算截至报废时已经发生的废品生产成本,然后扣除残值和应收赔款算出废品损失。不可修复废品的生产成本,可按废品所耗实际费用计算,也可按废品所耗定额费用计算。

1.按废品所耗实际费用计算

在采用按废品所耗实际费用计算的方法时,由于废品报废以前发生的各项费用是与合格产品一起计算的,因而要将废品报废以前与合格品计算在一起的各项费用,采用适当的分配方法,在合格品与废品之间进行分配,计算出废品的实际成本,从“基本生产成本”科目的贷方转入“废品损失”科目的借方。

如果废品是在完工以后发现的,这时单位废品负担的各项生产费用应与单位合格品完全相同,可按合格品产量和废品的数量比例分配各项生产费用,计算废品的实际成本。按废品的实际费用计算和分配废品损失符合实际,但核算工作量较大。

2.按废品所耗定额费用计算

在按废品所耗定额费用计算不可修复废品的成本时,废品的生产成本则按废品的数量和各项费用定额计算。按废品的定额费用计算废品的定额成本,由于费用定额事先规定,不仅计算工作比较简便,而且还可以使计入产品成本的废品损失数额不受废品实际费用水平高低的影响。也就是说废品损失大小只受废品数量差异(差量)的影响,不受废品成本差异(价差)的影响,从而有利于废品损失和产品成本的分析和考核。但是采用这一方法计算废品生产成本,必须具备准确的消耗定额和费用定额资料。

(二)可修复废品损失的核算

可修复废品返修发生的各种费用,应根据各种费用分配表记入“废品损失”科目的借方。其回收的残料价值和应收的赔款,应从“废品损失”科目的贷方转入“原材料”和“其他应收款”科目的借方。废品修复费用减去残料和赔款后的废品净损失,也应从“废品损失”科目的贷方转入“基本生产成本”科目的借方,在所属有关的产品成本明细账中,记入“废品损失”成本科目。

在不单独核算废品损失的企业中,不设立“废品损失”科目和成本项目,只在回收废品残料时,借记“原材料”科目,贷记“基本生产成本”科目,并从所属有关产品成本明细账的“原材料”成本项目中扣除残值价值。“基本生产成本”科目和所属有关产品成本明细账归集的完工产品总成本,除以扣除废品数量以后的合格品数量,就是合格品的单位成本。

三、实训资料

光华工厂一车间 2016 年 12 月生产甲、乙两种产品,甲产品本月共生产 530 件,经检验合格品为 480 件,不可修复废品 20 件,加工程度为 60%;可修复废品 30 件,已修复完工;乙产品本月生产 300 件,完工验收入库时发现不可修复废品 10 件。

有关资料如下:

表 3-6 废品通知单

2016 年 12 月

产品名称	甲产品	零件编号	010	零件名称	机架
报废工序	一工序	生产部门	一车间		
操作者	李楠	检验员	王磊		
废品记录	原材料	A 材料		材料单价	10 元/千克
	工废数	15	料废数	5	
	单件耗料	10	单件工时	5	
	总耗料		总工时		
	损失金额		残值		

表 3-7 废品通知单

2016 年 12 月

产品名称	乙产品	零件编号	020	零件名称	机架
报废工序	一工序	生产部门	一车间		
操作者	李楠	检验员	王磊		
废品记录	原材料	B 材料		材料单价	8 元/千克
	工废数	6	料废数	4	
	单件耗料	20	单件工时	6	
	总耗料		总工时		
	损失金额		残值		

表 3-8 乙产品定额资料

2016 年 12 月

项目	单位原材料	工时	人工费用	制造费用
定额	20 千克	5 元	5 元/小时	3 元/小时

相关产品资料如下：

(一)甲产品资料

(1)甲产品本月累计生产费用 30 760 元，其中直接材料费用 16 000 元，直接人工费用 8 856 元，制造费用 5 904 元。原材料在生产开始时一次投入。

(2)根据本月“返修废品领料单”提供的资料，修复甲产品领用材料实际成本为 500 元，修复甲产品实际耗用工时 40 小时，每小时工资费用 4 元，每小时制造费用 3 元。

(3)甲产品废品残料处理回收现金 200 元，过失人赔偿损失 50 元。

(二)乙产品资料

(1)乙产品本月累计生产费用 15 000 元，其中直接材料费用 8 600 元，直接人工费用 3 600 元，制造费用 2 800 元。原材料在开始生产时一次性投入。

(2)乙产品废品残料处理回收现金 100 元,过失人赔偿 80 元。

(3)甲、乙产品月初和月末均无在产品。

四、实训要求

(1)编制甲、乙产品不可修复废品生产成本计算单,其中甲产品的不可修复废品按实际成本计算,在废品成本计算中,直接材料项目按合格品同等负担,直接人工费用和制造费用按其完工程度进行约当;乙产品不可修复废品损失按定额成本计算。

(2)登记第一车间废品损失明细。

(3)登记甲、乙产品生产成本明细账。

(4)分别编制甲、乙产品废品损失归集和分配的会计分录。

五、实训用表

本节实训用表见附表 3-3-1 至附表 3-3-5。

第四节　停工损失的归集与分配实训

一、实训目的

通过实训,了解停工损失的归集与分配方法。

二、相关知识点

为了单独核算停工损失,在会计科目中应增设“停工损失”科目;在成本项目中应增设“停工损失”项目。“停工损失”科目是为了归集和分配停工损失而设立的。该科目应按车间设立明细账,账内按成本项目分设专栏或专行,进行明细核算。停工期间发生应该计入停工损失的各种费用,都应在该科目的借方归集,借记“停工损失”科目,贷记“原材料”、“应付职工薪酬”和“制造费用”等科目。归集在“停工损失”科目借方的停工损失,其中应取得赔偿的损失和应计入营业外支出的损失,应从该科目的贷方分别转入“其他应收款”和“营业外支出”科目的借方;应计入产品成本的损失,则应从该科目的贷方分别转入“基本生产成本”科目的借方。应计入产品成本的停工损失,如果停工的车间只生产一种产品,应直接记入该种产品成本明细账的“停工损失”成本项目;如果停工的车间生产多种产品,则应采用适当的分配方法(如采用类似于分配制造费用的方法),分配记入该车间各种产品成本明细账的“停工损失”成本项目。

注意区分季节性生产企业在季节性停工期间费用的归集和分配与非季节性生产企业在停工期间发生的费用。

三、实训资料

瑞明工厂一车间本月由于设备修理停工 2 天,二车间由于外部供电线路故障也停工 2 天,具体资料如下:

表 3-9 停工报告单

2016 年 12 月

编号	1201		
部门	一车间	停工时间	12.11—12.12(2 天)
停工范围		生产产品	甲产品、乙产品
原因	设备修理		
影响			
批示	采取相应措施		

表 3-10 停工报告单

2016 年 12 月

编号	1202		
部门	二车间	停工时间	12.17—12.18(2 天)
停工范围		生产产品	丙产品
原因	外部供电故障		
影响			
批示	采取相应措施		

(1)根据“材料费用分配表”、“工资及福利费用分配表”和“制造费用分配表”，一车间停工期间应支付生产工人工资 4 000 元，应提福利费 560 元，应分摊制造费用 800 元；二车间停工期间损失材料费 2 000 元，应付生产工人工资 3 000 元，应提福利费 420 元，应分摊制造费用 500 元。

(2)经审核，一车间停工属于正常停工，其损失计入成本；二车间属于非正常停工，供电局统一赔偿 2 000 元，净损失计入“营业外支出”。

(3)大明工厂单独设置“停工损失”账户和“基本生产成本”明细账中设置“停工损失”成本项目核算。

四、实训要求

(1)归集一车间发生的停工损失，编制会计分录并登记“停工损失”明细账。

(2)按生产工时比例分配一车间停工损失，编制会计分录并登记甲、乙产品生产成本明细账，本月加工甲、乙产品实际所耗工时分别为 1 480 小时和 1 200 小时，发生的生产费用见附表 3-4-2 和附表 3-4-3，甲、乙产品月初和月末均无在产品。

(3)归集和分配二车间发生的停工损失，编制会计分录并登记“停工损失”明细账。

五、实训用表

本节实训用表见附表 3-4-1 至附表 3-4-4。

第四章　生产费用在完工产品与在产品之间分配实训

第一节　约当产量法实训

一、实训目的

通过实训，理解约当产量的含义，了解约当产量法的适用范围，掌握运用约当产量法对生产成本在完工产品和在产品之间的分配。

二、相关知识点

约当产量比例法首先将在产品的产量按其完工程度折合为相当于完工产品的产量，然后按照在产品的约当产量和完工产品产量的比例关系对生产费用进行分配。由于生产产品时，企业采用的投料方式不同，因而原材料费用和加工费用在折合约当产量时运用的完工程度系数不同。

约当产量比例法适用范围较广，特别适用于月末在产品数量较大，各月末在产品数量变化也较大，产品成本中原材料费用和工资及福利费等加工费用所占的比重相差不多的产品。

约当产量法下，应分别按产品成本项目计算月末在产品的约当产量，根据不同的约当产量分配不同成本项目的费用。

三、实训资料

光明工厂主要生产甲产品，该产品由A和B两种零件各一件组成，生产费用在完工产品和在产品之间分配采用约当产量法。

(一)定额资料

甲产品的定额工时为8小时，其所用零件在分工序加工的工时定额如下：A零件有三道工序，各工序工时定额分别为1小时、1小时、1小时，B零件有两道工序，各工序工时定额分别为1小时、4小时。甲产品的材料费用定额为130元，其中A零件60元，B零件70元。

(二)月初在产品费用和本月发生费用资料

表4-1 月初及本月费用

2016年8月 单位:元

项目	直接材料	直接人工	制造费用	合计
月初在产品费用	36 330	13 450	32 700	82 450
本月费用	27 820	12 100	28 680	151 050

(三)本月生产资料

甲产品本月完工280台,月末在产品数量如下:A零件400件(其中一工序100件,二工序100件,三工序200件),B零件700件(其中一工序450件,二工序250件)。在产品在各道工序的加工程度为50%。

四、实训要求

(1)根据定额工时,计算甲产品各工序的完工率。
(2)按加工程度填制月末在产品约当产量计算表。
(3)月末材料费用按定额材料费用计算,其他费用按约当产量法分配。
(4)填制完工产品及月末在产品成本计算表。

五、实训用表

本节实训用表见附表4-1-1至附表4-1-3。

第二节 定额比例法实训

一、实训目的

通过实训理解定额比例法的含义,了解定额比例法的运用范围,掌握定额比例法对生产费用在完工产品和在产品之间的分配。

二、相关知识点

首先用本月投入产品的实际费用或实际消耗量与完工产品和在产品的定额费用或定额消耗量计算分配率,然后用分配率将完工产品和在产品的定额费用或定额消耗量调整成实际成本或实际消耗量。此法的关键是计算完工产品和在产品的分配率。其中:原材料费用按原材料费用定额消耗量或原材料定额费用比例分配;工资和福利费、制造费用等各项加工费用按定额工时或定额费用比例分配。

这种方法适用于各项消耗定额或费用定额比较准确、稳定,但各月末在产品数量变化较大的产品。

三、实训资料

光弘工厂生产乙产品是定型产品,有健全的定额资料和定额管理制度。2016年12月初及本月发生的生产费用、定额资料如下：

有关资料如下：

表 4-2 月初在产品及本月的生产费用

2016 年 12 月 单位：元

成本项目	月初在产品成本	本月发生的费用
直接材料	6 340	36 639
直接人工	5 120	13 860
制造费用	1 200	4 500
合计	12 660	54 999

表 4-3 定额资料

2016 年 2 月

项目	材料定额成本/元	工时消耗定额/小时
完工产品	25	30
月末在产品	25	20

已知，所需生产材料在生产开始时一次投入，本月完工产品 1 800 件，月末在产品 600 件，完工程度 80%。

四、实训要求

登记产品成本计算单，按定额比例分配完工产品与在产品成本。

五、实训用表

本节实训用表见附表 4-2-1。

第三节 定额成本法实训

一、实训目的

通过实训理解定额成本法的含义，了解定额成本法运用范围，掌握定额成本法对生产费用在完工产品和在产品之间的分配。

二、相关知识点

在产品按定额成本计价法是将月末在产品的费用按各项费用定额计算，亦即月末在产品成本按其数量和单位定额成本计算，实际的生产费用与定额费用的差异均计入当月完工产品成本。

采用在产品按定额成本计价法，月末在产品成本按定额成本计算，该种产品的全部成本(如果有月初在产品，包括月初在产品成本在内)减去按定额成本计算的月末在产品成本，余额作为完工产品成本；每月生产成本脱离定额的节约差异或超支差异全部计入当月完工产品成本。这种方法应事先经过调查研究、技术测定或按定额资料，对各个加工阶段上的在产品，直接确定一个单位定额成本。

三、实训资料

红光公司生产丙产品，有 A、B 两种零件各一件组成。单件零件的原材料费用定额为：A 零件 6 元，B 零件 7 元。

有关资料如下：

表 4-4　月初在产品及本月发生生产费用

2016 年 10 月　　单位：元

成本项目	月初在产品成本	本月发生的费用
直接材料	5 160	13 420
直接人工	2 780	7 000
制造费用	3 220	9 200
合计	11 160	29 620

表 4-5　在产品定额资料

2016 年 10 月

零件名称	所在工序	定额工时	在产品数量
A	1	2	150
	2	2	100
	3	1	200
	小计	5	450
B	1	1	400
	2	4	250
	小计	5	650

已知，生产材料在生产开始时一次投入，每小时人工费用为 1.5 元，每小时制造费用为 2 元，每道工序完工程度为 50%。本月完工产品 500 件。

四、实训要求

(1)登记产品成本计算单，采用定额成本法计算完工产品和月末在产品成本。

(2)编制结转完工产品成本的会计分录。

五、实训用表

本节实训用表见附表 4-3-1。

第五章　成本核算的基本方法实训

第一节　品种法实训

一、实训目的

通过实训业务，将采用品种法计算成本的过程中所涉及的各种费用分配表、各种明细账结合起来，以便系统地掌握品种法的成本计算方法，理解产品成本计算的基本原理；将品种法的成本计算原理与实际操作结合起来，培养学生的理论应用能力和实际操作能力。

二、相关知识点

品种法是指以产品品种作为成本核算对象，归集和分配生产成本，计算产品成本的一种方法。这种方法一般适用于单步骤、大量生产的企业。

品种法成本计算的程序，一般可按以下三个步骤进行：

(1)按产品品种设置基本生产成本明细账，按成本项目设置专栏。如有上月月末在产品，应按成本项目记入明细账期初在产品成本栏。

(2)根据各种费用分配表，将各项费用分别按产品品种计入各成本明细账中各有关成本项目。其中：直接费用，如产品所耗材料燃料动力、生产产品工人工资及福利费等，根据材料、燃料、外购动力、工资、福利费等分配表直接计入；间接费用，如机物料消耗、折旧费、修理费等，先按其发生地计入“制造费用”账户，月末再按适当的方法分配计入。

(3)月末，将各种产品成本明细账中按成本项目归集的期初在产品成本和本月生产费用分别加总，求得各成本项目费用合计数，然后选用适当的方法将各成本项目费用分为完工产品负担和期末在产品负担两个部分，将各成本项目中的由完工产品负担的费用加总，即为本期该产品完工总成本；总成本除以该产品产量，即为该产品单位成本。

三、实训资料

弘明机械厂设有一车间、二车间两个基本生产车间，供电与机修两个辅助生产车间，大批量生产甲、乙、丙三种产品，加工过程属于单步骤生产。一车间生产甲、乙两种产品，二车间生产丙产品。辅助车间的制造费用不通过“制造费用”账户核算。三种产品生产中原材料均为生产开始时一次性投料，月末，采用生产费用定额比例法在完工产品与在产品之间进行分配，直接材料按定额费用比例法分配，其他费用按定额工时比例法分配。

(一)期初相关资料

弘明机械厂 2016 年 10 月份相关产品成本核算资料如下：

表 5－1 产品产量资料

2016 年 10 月 单位:件

产品名称	月初在产品	本月投产	本月完工	月末在产品
甲	600	6 500	5 500	1 600
乙	600	2 500	3 100	0
丙	320	3 600	3 200	720

表 5－2 月初在产品成本

2016 年 10 月 单位:元

产品名称	直接材料	直接人工	制造费用	合计
甲	9 060	4 980	6 830	20 870
乙	15 400	2 755	1 680	19 835
丙	6 200	2 795	2 590	11 585

(二)产品定额资料

表 5－3 完工产品定额资料

2016 年 10 月

产品名称	甲产品	乙产品	丙产品
材料费用定额(元)	13	30	18
工时定额(小时)	8	5	3

表 5－4 月末在产品定额资料

2016 年 10 月

产品名称	甲产品	乙产品	丙产品
材料费用定额(元)	13	30	18
工时定额(小时)	4	2.5	1.5

(三)本月发生的相关经济业务

(1)本月以银行存款支付的各项费用见表 5－5。

(2)本月生产甲产品耗用材料 42 300 元,生产乙产品耗用材料 32 500 元,生产甲、乙产品共同耗用材料 45 000 元。甲、乙两种产品共同耗用的材料按定额费用比例法进行分配,生产耗用材料费用见表 5－6。

(3)本月生产工人的工资按实际生产工时比例法进行分配,应付工资费用见表 5－7。

(4)计提本月固定资产折旧费。企业 10 月份管理部门购入一项设备 19 800 元,已投入使用,同时报废一台设备 22 000 元,9 月份固定资产折旧见表 5－8。

(5)摊销周转材料价值。各车间、部门本月领用的周转材料按规定在 10、11、12 三个月之间摊销，各车间周转材料见表 5-6。

(6)计提借款利息 3 000 元。

(7)分配辅助生产费用。辅助生产费用按一次交互分配法进行分配。供电车间、机修车间为给收益部门提供的劳务数见表 5-9。

(8)分配制造费用。一车间的制造费用按产品的实际生产工时比例，在甲、乙两种产品之间进行分配。本月各种产品的实际生产工时见表 5-10。

(9)分配各成本费用项目，计算产品成本。完工产品及在产品数量见表 5-1，有关定额资料见表 5-3、表 5-4。

(10)结转完工产品成本。

相关资料如下：

表 5-5 银行存款支付汇总表

2016 年 10 月 单位：元

项目	办公费	劳动保护费	差旅费	其他费用	合计
一车间	5 500	3 500	8 300	1 500	18 800
二车间	1 300	2 200	1 500	2 800	7 800
供电车间	1 000	600	300	3 200	5 100
机修车间	1 250	600	420	1 800	4 070
管理部门	13 800	300	3 800	3 500	21 400
合计	22 850	7 200	14 320	12 800	57 170

表 5-6 领料凭证汇总表

2016 年 10 月 单位：元

领用部门	材料用途	1 日—10 日	11 日—20 日	21 日—31 日	合计
一车间	原材料	45 380	42 320	32 100	119 800
	周转材料	720	760	650	2 130
	机物料消耗	1 800	2 560	1 230	5 590
	维修费	300	650	820	1 770
	小计	48 200	46 290	34 800	129 290
二车间	原材料	18 000	22 700	31 300	72 000
	周转材料	800	350	300	1 450
	机物料消耗	900	650	400	1 950
	维修费	400	300	700	1 400
	小计	20 100	24 000	32 700	76 800
供电车间	周转材料	300	400	260	960
	机物料消耗	800	700	500	1 800
	维修费	300	300	400	1 000
	小计	1 400	1 400	1 160	3 760

续表 5-6

机修车间	周转材料	1 100	900	300	2 300
	机物料消耗	700	550	350	1 600
	维修费	120	300	500	920
	小计	1 920	1 800	1 100	4 820

表 5-7 职工薪酬结算汇总表

2016 年 10 月 单位:元

部门	职工类别	应付工资	代扣款项	实发金额
一车间	生产工人	136 800	19 170	117 630
	管理人员	45 600	11 220	34 380
二车间	生产工人	7 980	1 780	6 200
	管理人员	2 280	478	1 802
供电车间	生产工人	6 840	1 340	5 500
	管理人员	2 280	1 000	1 280
机修车间	生产工人	9 120	1 360	7 760
	管理人员	2 280	810	1 470
管理部门	管理人员	20 520	4 110	16 410
合计		233 700	41 269	192 432

表 5-8 固定资产折旧

2016 年 9 月 单位:元

使用部门	一车间	二车间	供电车间	机修车间	管理部门
折旧额	20 000	1 500	2 000	2 980	3 000

表 5-9 辅助生产车间劳务量

2016 年 10 月

受益对象	供电车间(度)	机修车间(工时)
甲产品(生产用)	72 300	—
乙产品(生产用)	17 400	—
丙产品(生产用)	6 400	—
一车间(照明用)	2 100	3 000
二车间(照明用)	1 000	1 600
供电车间	—	1 000
机修车间	17 800	—
管理部门(办公用)	3 000	400
合计	120 000	6 000

表 5-10 各种产品本月实际生产工时

2016 年 10 月 单位:小时

产品名称	甲产品	乙产品	丙产品
实际生产工时	40 400	9 600	3 520

四、实训要求

(1)根据本月货币支出资料,编制其他费用分配表及银行存款付款凭证,见附表 5-1-1。

(2)根据领料凭证汇总表以及其他有关资料编制材料费用分配表,并编制相应记账凭证,见附表 5-1-2、附表 5-1-3。

(3)根据工资结算汇总表及生产工时,编制职工薪酬费用分配表,并编制记账凭证,见附表 5-1-4。

(4)根据固定资产折旧资料,编制固定资产折旧费用分配表,并编制记账凭证,见附表5-1-5。

(5)根据周转材料的有关资料,编制待摊费用分配表,并编制记账凭证,见附表 5-1-6。

(6)根据借款利息的有关资料,编制利息费用分配表,并编制记账凭证,见附表 5-1-7。

(7)根据上述各种费用分配表,登记辅助生产成本明细账,制造费用明细账,基本生产成本明细账,管理费用明细账,财务费用明细账,见附表 5-1-8 至附表 5-1-10、附表 5-1-12、附表 5-1-19 至附表 5-1-23。

(8)根据辅助生产成本明细账以及其他有关资料,编制辅助生产费用分配表,并编制记账凭证,见附表 5-1-11。

(9)根据辅助生产费用分配表,登记辅助生产成本明细账,制造费用明细账,基本生产成本明细账,管理费用明细账,见附表 5-1-8 至附表 5-1-10、附表 5-1-12、附表 5-1-19 至附表 5-1-22。

(10)根据制造费用明细账及其他有关资料,编制制造费用分配表,并编制记账凭证,见附表 5-1-13。

(11)根据制造费用分配表,登记制造费用明细账,基本生产成本明细账,见附表 5-1-10、附表 5-1-12、附表 5-1-19 至附表 5-1-20。

(12)根据完工产品和月末在产品定额资料,计算本月完工产品和月末在产品定额,见附表 5-1-14。

(13)根据基本生产成本明细账和完工产品和月末在产品定额资料,编制产品成本计算表,计算各完工产品成本,见附表 5-1-15 至附表 5-1-17。

(14)根据产品成本计算表,编制产品成本汇总表,并编制记账凭证,见附表 5-1-18。

(15)根据产品成本汇总表,登记基本生产成本明细账,结转完工产品成本,计算月末在产品成本,见附表 5-1-19 至附表 5-1-21。

(16)月末将管理费用明细账,财务费用明细账上的费用转出,见附表 5-1-22 至附表5-1-23。

(17)根据记账凭证,编制科目汇总表,登记有关总账,见附表 5-1-24。

五、实训用表

本节实训用表见附表 5-1-1 至附表 5-1-24。

第二节　分批法实训

一、实训目的

通过实训帮助学生熟练产品成本核算的一般程序，掌握产品成本核算的分批法，经过一套实训操作，培养学生分析问题的能力。

二、相关知识点

分批法是按照产品批别归集生产费用、计算产品成本的一种方法。在小批单件生产的企业中，企业的生产活动基本上是根据订货单位的订单签发工作号来组织生产的。按产品批别计算产品成本，往往与按订单计算产品成本相一致，因而分批法也叫订单法。

分批法成本计算的程序，一般可按以下三个步骤进行：

(1)按产品批别设置产品基本生产成本明细账、辅助生产成本明细账，账内按成本项目设置专栏；按车间设置制造费用明细账；同时设置预付账款、长期待摊费用等明细账。

(2)根据各生产费用的原始凭证或原始凭证汇总表和其他有关资料，编制各种要素费用分配表，分配各要素费用并登账。对于直接计入费用，应按产品批别列示并直接计入各个批别的产品成本明细账；对于间接计入费用，应按生产地点归集，并按适当的方法分配计入各个批别的产品成本明细账。

(3)月末根据完工批别产品的完工通知单，将计入已完工的该批产品的成本明细账所归集的生产费用，按成本项目加以汇总，计算出该批完工产品的总成本和单位成本并转账。如果出现批内产品跨月陆续完工并已销售或提货的情况，这时应采用适当的方法将生产费用在完工产品和月末在产品之间分配，计算出该批已完工产品的总成本和单位成本。

三、实训资料

新源企业根据收购单位的订单组织产品生产。该企业有一个基本生产车间和一个运输车间，按生产任务、计划安排 4 个批次的产品进行生产。

(1)2016 年 9 月末，001 产品成本资料如下：直接材料 35 200 元，直接人工 11 000 元，制造费用 28 400 元，共计 74 600 元。

(2)企业 2016 年 10 月份各批次产品投产完工情况如下：

表 5-11　产品投产完工情况

产品生产批别	投产日期	批量/件	本月完工情况
001 号甲产品	9 月 12 日	40	全部完工
002 号乙产品	10 月 2 日	50	全部完工
003 号丙产品	10 月 12 日	30	完工 20 件
004 号乙产品	10 月 22 日	20	尚未完工

(3)本月各批产品生产的资料情况如下：

产品直接材料费用耗用：001 号产品 1 000 元，002 号产品 2 500 元，003 号产品 1 850 元，004 号产品 2 150 元，共计 7 500 元；各批次产品共同耗用材料 12 150 元。

各批产品材料单位定额成本为：001 号 80 元，002 号 60 元，003 号 30 元，004 号 50 元。

各批次产品的生产外购动力费用共计 8 200 元，职工薪酬为 50 120 元，动力费、职工薪酬费按生产工时比例分配。其中 001 号生产工时为 1 000 小时，002 号产品生产工时为 1 200 小时，003 号产品生产工时为 1 500 小时，004 号产品生产工时为 600 小时。

辅助生产成本车间本月耗用各项费用情况：材料费用 7 000 元，职工薪酬 6 400 元，设备折旧费 6 000 元，办公费 1 000 元，水电费等其他费用 1 852 元，共计 22 350 元。月末直接分配转入基本生产车间。

基本生产车间本月发生的各项费用情况：材料费 2 700 元，职工薪酬 3 420 元，设备折旧费 50 000 元，办公水电费 4 400 元，其他费用 5 130 元，辅助生产车间转入的运输费用 22 350 元，本月共计 88 000 元。月末按生产工时比例转入各批产品成本中。

四、实训要求

(1)根据各项费用的发生情况，编制各项费用分配表。

(2)根据材料耗用情况，按材料定额费用比例分配共同耗用材料，编制分配表。

(3)按生产批别开设生产成本明细账，账内按成本项目设置专栏。

(4)编制相关会计分录。

五、实训用表

本节实训用表见附表 5－2－1 至附表 5－2－10。

第三节　简化分批法实训

一、实训目的

通过实训，了解简化分批法的特点和适用范围，掌握简化分配法成本计算程序，并能运用此方法，进行成本核算。

二、相关知识点

简化分批法又称累计间接计入费用分批法，是指企业在采用分批法的情况下，对除直接材料费用外的各项间接计入费用，不是按月在各批产品之间进行分配，而是先将这些费用按成本项目分别累计起来，在基本生产成本二级账中反映，等到产品完工时，再将其在各批完工产品之间进行分配的方法。

简化分批法成本计算的程序，一般可按以下三个步骤进行：

(1)按照产品批别设置产品生产成本明细账(或称成本计算单)和基本生产成本二级账。

(2)归集和分配生产费用及生产工时。

(3)计算产品成本。

(4)编制相应会计分录。

三、实训资料

弘丰工厂小批量生产多种产品,产品批次较多,月末在产品批次也比较多,为简化产品成本计算,该企业采用简化分批法计算成本,企业9月份有关成本资料如下:

(一)9月该厂生产的产品批号

001号:A产品30件,系甲工厂订货,7月10日投产,本月30日完工。

002号:B产品16件,系乙工厂订货,8月10日投产,本月3日完工10件。

003号:C产品24件,系丙工厂订货,8月5日投产,尚未完工。

004号:D产品20件,系丁工厂订货,9月6日投产,尚未完工。

(二)各批产品生产费用和工时

1.第001号产品

7月:原材料93 660元,工时33 600小时。

8月:原材料56 940元,工时22 770小时。

9月:原材料38 790元,工时42 660小时。

2.第002号产品

8月:原材料115 200元,工时25 860小时。

9月:工时47 640小时。

该批次产品材料是生产开始时一次性投入。其完工10件产品的工时为47 820小时,在产品6件的定额工时为25 680小时。

3.第003号产品

8月:原材料104 850元,工时37 050小时。

9月:原材料46 350元,工时45 330小时。

4.第004号产品

9月:原材料37 110元,工时39 630小时。

(三)8月末职工薪酬和制造费用

8月末该厂全部在产品的职工薪酬为106 212元,制造费用为192 135元。

(四)9月职工薪酬和制造费用

9月全部产品的职工薪酬为158 928元,制造费用为279 225元。

四、实训要求

(1)根据上述资料,采用简化分批法登记生产成本二级账和产品成本明细账,计算各批完工产品成本。

(2)将生产成本二级账月末余额资料与各批产品成本明细账余额资料核对相等。

(3)编制相关会计分录。

五、实训用表

本节实训用表见附表 5-3-1 至附表 5-3-5。

第四节 逐步综合结转分步法实训

一、实训目的

通过对产品成本计算逐步综合结转分步法的实训练习，掌握各种要素费用、综合费用归集分配计入各步骤产品成本的方法，掌握半成品在各步骤之间的结转和成本还原方法，进一步了解产品成本计算方法。

二、相关知识点

分步法又称产品成本计算分步法，是以产品生产步骤和产品品种为成本计算对象来归集和分配生产费用、计算产品成本的一种方法。该方法适用于连续、大量、多步骤生产的工业企业。从原材料投入到产品完工，要经过若干连续的生产步骤。除最后一个步骤生产的是产成品外，其他步骤生产的都是完工程度不同的半成品。这些半成品，除少数可能出售外，都是下一步骤加工的对象。因此，企业应按步骤、按产品品种设置产品成本明细账。分别成本项目归集生产费用。

逐步结转分步法也称顺序结转分步法，它是按照产品连续加工的先后顺序，根据生产步骤所汇集的成本、费用和产量记录计量自制半成品成本，自制半成品成本随着半成品在各加工步骤之间移动而顺序结转的一种方法。

三、实训资料

光源工厂生产甲产品，生产过程分为三个步骤，上一步骤完工的半成品，不通过半成品库收发，直接转给下一步骤继续进行加工，各步骤的在产品采用约当产量法按实际成本计算，直接材料在第一步骤开始时一次投入，各步骤在产品的完工程度均为50%。

(一)工厂 2016 年 11 月有关产量记录

表 5-12 产量记录

单位:元

项目	第一步骤	第二步骤	第三步骤
月初在产品数量	8	12	10
本月投产与上步骤结转数量	76	72	76
本月完工数量	72	76	80
月末在产品数量	12	8	6

(二)工厂2016年11月有关成本资料

表5-13 成本资料 单位:元

成本项目	月初在产品成本				本月生产费用			
	第一步骤	第二步骤	第三步骤	合计	第一步骤	第二步骤	第三步骤	合计
直接材料或半成品	64	180	200	444	608			
直接人工	8	18	40	66	148	222	292	662
制造费用	90	25	50	165	300	135	157.5	592.5
合计	162	223	290	675	1 056			

四、实训要求

(1)根据表5-12资料登记各步骤完工产品数量。

(2)根据表5-13资料计算各步骤在产品约当产量并记录各步骤产品成本计算单。

(3)根据表5-13资料登记各成本项目月初在产品成本和本月发生费用。

(4)按步骤计算完工产品(半产品)各成本项目成本和单位产品成本以及在产品成本,并把本步骤完工半成品成本转入下步骤。

(5)进行成本还原,并填制产品成本还原计算表。

五、实训用表

本节实训用表见附表5-4-1至附表5-4-4。

第五节 平行结转分步法实训

一、实训目的

通过对产品成本计算的平行结转分步法的实训练习,在掌握各种要素费用、综合费用归集分配方法的基础上,掌握各步骤生产费用计入产品成本的方法。

二、相关知识点

平行结转分步法指半成品成本并不随半成品实物的转移而结转,而是在哪一步骤发生就留在该步骤的成本明细账内,直到最后加工成产成品,才将其成本从各步骤的成本明细账转出的方法。

三、实训资料

正华工厂生产甲产品,分为两个生产步骤连续加工,直接材料在第一步骤开始时一次投入,成本计算采用平行结转分步法。两个步骤的完工产品"份额"和广义在产品之间的费用分配，均采用定额比例法。第一步骤直接材料成本按直接材料定额费用比例分配，第一步骤和第二步骤的工资及制作费用都按定额工时比例分配。

（一）第一步骤和第二步骤的定额资料

表 5－14　定额资料

2016 年 11 月

项目	第一步骤		第二步骤	
	完工产品	在产品	完工产品	在产品
直接材料定额费用/元	30 000	6 000		
定额工时/小时	22 000	8 000	4 500	1 200

（二）月初在产品成本

表 5－15　月初在产品成本

2016 年 11 月　　单位:元

生产步骤	直接材料	直接人工	制造费用	合计
第一步骤	5 200	3 100	3 400	11 700
第二步骤		504	480	984

（三）本月发生的生产费用

表 5－16　本月发生的生产费用

2016 年 11 月　　单位:元

生产步骤	直接材料	直接人工	制造费用	合计
第一步骤	29 000	9 500	10 400	48 900
第二步骤		3 600	3 339	6 939

（四）本月完工产品

本月完工产品 500 件。

四、实训要求

（1）根据表 5－15、表 5－16 资料登记月初在产品成本、本月发生费用。

（2）根据表 5－14 资料登记定额费用和定额工时。

（3）按步骤计算完工产品成本（半成品）各成本项目成本。

（4）根据各步骤产品成本计算单，登记产品成本汇总表并计算产品成本。

五、实训用表

本节实训用表见附表 5－5－1 至附表 5－5－3。

第六章　成本核算的辅助方法实训

第一节　分类法实训

一、实训目的

通过分类法实训，帮助学生了解各种成本计算辅助方法的含义，理解各种辅助方法的基本原理，掌握分类法的实际运用，完工产品实际成本的计算。

二、相关知识点

分类法特点是，成本核算对象是成本的类别；生产费用在产品类别的内部按照一定方法进行分配；任何企业均可以使用。分类法的关键是生产费用在类别内部之间的分配，一般可以采用系数法进行分配。

三、实训资料

新光工厂大量生产甲、乙、丙三种产品，他们具有类似的结构和工艺，因此，可以归为一类产品，采用分类法计算产品成本，月末产品按定额成本计算。类内各种产品成本的分配方法：原材料费用按用料系数比例分配；其他各项费用按定额工时比例分配；用料系数根据产品的材料消耗定额计算确定。

(一)2016 年 11 月月初、月末在产品定额成本

表 6－1　月初、月末在产品定额成本

2016 年 11 月　　　　单位：元

项目	直接材料	直接人工	制造费用	合计
月初在产品定额成本	7 300	1 500	4 500	13 300
月末在产品定额成本	5 200	1 000	3 000	9 200

(二)2016 年 11 月发生的生产费用

2016 年 11 月发生的生产费用为：直接材料 65 100 元，直接人工 12 250 元，制造费用 36 750元。

(三)定额资料

材料消耗定额为：甲产品 9.6 千克，乙产品 8 千克，丙产品 6.4 千克。

工时消耗定额为：甲产品 6 小时，乙产品 7 小时，丙产品 5 小时；本月各种产品的产量为：甲产品 1 500 件，乙产品 2 000 件，丙产品 500 件。

四、实训要求

（1）编制产品用料系数计算表。

（2）编制产品成本明细账。

（3）编制各种产成品成本计算表。

五、实训用表

本节实训用表见附表 6-1-1 至附表 6-1-3。

第二节　定额法实训

一、实训目的

通过实训，掌握定额法的定额成本计算方法、脱离定额的差异、计算定额变动差异、完工产品实际成本计算。

二、相关知识点

定额法特点是，以产品的定额成本为基础，加减各种差异而得到产品的实际成本。此方法具有成本控制的作用，任何企业均可以使用。定额法的关键是计算各种差异，差异的种类有实际成本脱离定额成本的差异、材料成本差异、定额变动差异。

三、实训资料

正明工厂属于大量生产类型企业，长期以来一直生产甲产品。该产品由 A、B 两个零件组装而成，生产工艺稳定，且有比较齐全的定额资料，定额管理工作较好。为即使有效地加强企业产品成本的定额管理，采用定额法计算产品成本。为简化产品定额成本的计算，企业根据零部件消耗定额直接制定产品定额成本。

（一）单位产品定额成本资料

表 6-2　单位产品定额成本计算表

产品名称：甲产品　　2016 年 11 月

工序	加工的零部件	原材料定额				各道工序的工时定额（小时）
		消耗材料名称	消耗定额（千克）	计划单价（元）	金额（元）	
一	A 零件	M 材料	5	20	100	9
二	B 零件	N 材料	4	50	200	8
三	甲产品	辅助材料	2	10	20	3
合计					320	20

表 6－3　产品定额成本

直接材料	直接人工		制造费用		产品定额成本合计(元)
	计划小时工资率	金额(元)	计划小时工资率	金额(元)	
320	2.5	50	3	60	430

(二)生产统计资料

生产所需材料系生产开始时一次性投入，从 2016 年 11 月 1 日起修订材料消耗定额，由原来每台 330 元调整为每台 320 元，月初在产品 20 件，本月投产 600 件，本月完工产品 590 件，月末在产品 30 件。本月材料成本差异和定额变动差异全部由产成品负担。

本月实际耗用 M 材料 2 900 千克，N 材料 2 500 千克，辅助材料 1 200 千克；本月定额生产工时 11 600 小时，实际生产工时 11 000 小时；本月实际发生人工费用 29 700 元，制造费用 34 100 元。

(三)月初在产品定额成本资料

月初在产品定额成本为 8 000 元，其中直接材料 6 600 元，直接人工 600 元，制造费用 800 元；脱离定额差异为 128 元，其中直接材料 100 元，直接人工 40 元，制造费用－12 元；月初在产品直接材料定额成本调整－200 元，定额变动差异 200 元。

四、实训要求

(1)根据资料计算原材料定额成本和脱离定额差异。

(2)计算甲产品本月定额人工费用、实际人工费用和脱离定额差异。

(3)计算甲产品本月定额制造费用、实际制造费用和脱离定额差异。

(4)登记产品成本明细账。

五、实训用表

本节实训用表见附表 6－2－1 至附表 6－2－4。

第七章 成本报表的编制与分析实训

第一节 产品生产成本报表的编制与分析实训

一、实训目的

通过编制产品成本报表，加深对产品成本报表的理解；通过分析产品成本降低任务的完成情况，掌握运用因素分析的方法分析产量、品种结构和单位成本因素变动对成本降低任务完成情况影响，增强编制表和分析报表的能力。

二、相关知识点

成本报表属于内部报表，由企业自行设计和填制，按其反映的经济业务内容的不同，成本报表可以分为产品生产成本表、主要商品产品单位成本表、制造费用明细表、财务费用明细表和销售费用明细表等。

三、实训资料

弘正企业主要生产机床，有三种型号 A、B、C。2016 年度产量资料和单位成本资料如下：

表 7－1 产量资料汇总表

2016 年 11 月 单位：件

产品名称		A	B	C
产量	上年实际	1 050	2 400	3 500
	本年计划	1 000	2 500	3 400
	本年实际	1 100	2 500	3 500

表 7－2 单位成本汇总表

2016 年 11 月 单位：元

产品名称		A	B	C
产量	上年实际	480	580	360
	本年计划	450	550	350
	本年实际	440	540	340

四、实训要求

(1)根据以上资料编制产品成本表(按产品类别)。

(2)计算可比产品成本计划降低任务。

(3)计算可比产品成本实际完成的降低额和降低率,分析完成情况。

(4)运用因素分析法分析产量、产品结构、单位成本三因素对成本降低任务完成的影响程度。

五、实训用表

本节实训用表见附表 7-1-1 至附表 7-1-4。

第二节 主要产品单位成本表的编制与分析实训

一、实训目的

通过实训,掌握主要产品成本表的编制方法,掌握对主要产品单位成本的完成情况进行一般分析以及对主要成本项目进行分析的方法,分析成本升降的原因。

二、相关知识点

主要产品单位成本表是反映在报告期内生产的各种主要产品单位成本构成情况以及其有关技术经济指标完成情况的报告文件。

利用本表可以考核主要产品单位成本计划的执行情况,分析主要产品单位成本升降变化的原因,寻求降低产品成本的途径;可以按照成本项目将本月实际和本年实际平均单位成本与上年实际成本和历史先进水平进行比较,寻找差距;通过本表主要产品的主要技术经济指标的执行情况,挖掘进一步降低产品成本的潜力。

主要产品单位成本表分为上、下两部分,上半部分反映本月的实际合格品产量、本年累计实际合格品产量、销售单价和按成本项目反映的单位成本;下半部分反映单位产品所耗用的各种主要原材料的数量和生产工人工时等主要技术经济指标。

三、实训资料

丰华企业主要生产甲产品,其单位成本表如下:

表 7－3　主要成本单位产品成本表

2016 年 11 月　　单位：元

成本项目		历史先进水平	上年实际平均	本年计划	本月实际	本年累计实际平均
直接材料		3 400	3 792	3 801		3 761
直接人工		1 200	1 250	1 230		1 230
制造费用		250	400	350		370
合计		4 850	6 692	5 381		5 361
主要技术经济指标		用量	用量	用量	用量	用量
原材料消耗量（千克）	A 材料	40	42	41		41
	B 材料	20	24	25		23
原材料单价（元）	A 材料	60	60	61		62
	B 材料	50	53	52		53

四、实训要求

（1）进行甲产品单位成本变动情况分析。

（2）分析影响原材料费用的因素以及各因素变动的影响程度。

五、实训用表

本节实训用表见附表 7－2－1。

附　　表

第二章《要素的归集与分配实训》实训用表

一、材料和外购动力费用的归集与分配实训用表

(一)领料凭证汇总表

附表 2-1-1　领料汇总表

2016 年 8 月　　单位:元

材料名称	生产车间		辅助生产车间		管理部门	合计
	产品用	车间用	修理车间	运输车间		
A						
B						
C						
D(辅助材料)						
E(辅助材料)						
F(辅助材料)						
合计						

(二)待摊费用分配表

附表 2-1-2　待摊费用分配表

2016 年 8 月　　单位:元

应借记账户			应摊销金额	摊销期限	本月摊销额	未摊销额
总账科目	明细科目	成本费用项目				
制造费用	生产车间	周转材料				
辅助生产车间	修理车间	周转材料				
	运输车间	周转材料				
	小计					
管理费用	管理部门	周转材料				
合计						

(三)材料费用分配表

附表 2-1-3　材料费用分配表

2016 年 8 月　　单位:元

分配对象		成本费用项目	直接计入金额	分配计入金额		材料费用合计
				定额耗用量	分配金额(分配率:)	
基本生产车间	甲	直接材料				
	乙	直接材料				
	丙	直接材料				
	小计					
	一般耗用	修理费				
		机物料消耗				
辅助生产车间	修理车间	修理费				
		机物料消耗				
	运输车间	修理费				
		机物料消耗				
	小计					
管理部门		修理费				
待摊费用		周转材料				
合计						

(四)外购动力费用分配表

附表 2-1-4　外购动力费用分配表

2016 年 8 月

分配对象		成本费用项目	数量		单价	金额
			生产工时	度数(分配率:)		
基本生产车间	甲					
	乙					
	丙					
	小计					
	照明用					
辅助生产车间	运输车间					
	修理车间					
	小计					
管理部门		电费				
合计						

二、工资费用的分配实训用表

(一)工资费用结算汇总表

附表 2-2-1 工资结算汇总表

部门:生产车间 2016 年 3 月 单位:元

车间	岗位	应付项目						应付工资	代扣款项			实发工资
		基本工资	计件工资	岗位津贴	夜班津贴	副食补贴	加班工资		水电费	社会保险费	所得税	
生产车间	生产工人											
	管理人员											
	小计											
辅助生产车间												
管理部门												
合计												

(二)工资费用分配表

附表 2-2-2 工资费用分配表

2016 年 3 月 单位:元

应借科目	产品或部门	直接计入	分配计入			合计
			生产耗用工时	分配率	分配金额	
基本生产成本	甲产品					
	乙产品					
制造费用	生产车间					
辅助生产成本	辅助车间					
管理费用	管理部门					
合计						

三、折旧费用的归集与分配实训用表

（一）固定资产折旧计算明细表

附表 2－3－1　固定资产折旧计算明细表

2016 年 8 月　　单位:元

项目		固定资产名称	原值	月折旧率(%)	月折旧额
基本生产车间	生产车间	房屋建筑	500 000	0.2	
		机器等设备	400 000	0.8	
		运输工具	20 000	0.6	
辅助生产车间	供电车间	房屋建筑	300 000	0.3	
		机器等设备	100 000	0.7	
		运输工具	10 000	0.5	
	废水处理车间	房屋建筑	100 000	0.3	
		机器等设备	200 000	0.7	
		运输工具	15 000	0.6	
管理部门		房屋建筑	300 000	0.4	
		机器等设备	30 000	0.7	
合计			1 975 000		

（二）固定资产折旧汇总计算表

附表 2－3－2　固定资产折旧汇总计算表

2016 年 8 月　　单位:元

部门	应借科目	本月折旧额
基本生产车间	制造费用	
辅助生产车间	制造费用	
管理部门	管理费用	
合计		

第三章 《辅助生产费用、制造费用和生产损失的归集与分配实训》实训用表

一、辅助生产费用的归集与分配实训用表

(一)辅助生产费用分配表(直接分配法)

附表3-1-1 辅助生产费用分配表(直接分配法)

2016年8月

辅助生产车间			供电车间	机修车间	合计
待分配费用					
对外供应产品、劳务数量					
费用分配率(单位成本)					
基本生产车间	第一车间	耗用数量			
		分配金额			
	第二车间	耗用数量			
		分配金额			
	金额小计				
管理部门	耗用数量				
	分配金额				
销售部门	耗用数量				
	分配金额				
合计					

(二)辅助生产费用分配表(交互分配法)

附表3-1-2 辅助生产费用分配表(交互分配法)

2016年8月

分配对象			交互分配			对外分配		
辅助生产车间名称			供电	机修	合计	供电	机修	合计
待分配费用(元)								
供应劳务量								
分配率(单位成本)								
辅助车间	供电	耗用数量						
		分配金额						
	机修	耗用数量						
		分配金额						
	金额小计							

续附表 3－1－2

基本生产车间	一车间	耗用数量						
		分配金额						
	二车间	耗用数量						
		分配金额						
	金额小计							
管理部门		耗用数量						
		分配金额						
销售部门		耗用数量						
		分配金额						
分配金额合计								

(三)辅助生产费用分配表(代数分配法)

附表 3－1－3　辅助生产费用分配表(代数分配法)

2016 年 8 月

辅助生产车间			供电	机修	合计
待分配费用(元)					
供应产品、劳务数量					
分配率(单位成本)					
辅助车间	供电	耗用数量			
		分配金额			
	机修	耗用数量			
		分配金额			
	金额小计				
基本生产车间	一车间	耗用数量			
		分配金额			
	二车间	耗用数量			
		分配金额			
	金额小计				
管理部门		耗用数量			
		分配金额			
销售部门		耗用数量			
		分配金额			
分配金额合计					

(四)辅助生产费用分配表(计划成本分配法)

附表 3-1-4　辅助生产费用分配表(计划成本分配法)

2016 年 8 月

<table>
<tr><td colspan="3">分配对象</td><td colspan="3">按计划成本分配</td><td colspan="3">成本差异分配</td></tr>
<tr><td colspan="3">辅助生产车间名称</td><td>供电</td><td>机修</td><td>合计</td><td>供电</td><td>机修</td><td>合计</td></tr>
<tr><td colspan="3">待分配费用(元)</td><td></td><td></td><td></td><td></td><td></td><td></td></tr>
<tr><td colspan="3">供应劳务量</td><td></td><td></td><td></td><td></td><td></td><td></td></tr>
<tr><td colspan="3">分配率(单位成本)</td><td></td><td></td><td></td><td></td><td></td><td></td></tr>
<tr><td rowspan="5">辅助车间</td><td rowspan="2">供电</td><td>耗用数量</td><td></td><td></td><td></td><td></td><td></td><td></td></tr>
<tr><td>分配金额</td><td></td><td></td><td></td><td></td><td></td><td></td></tr>
<tr><td rowspan="2">机修</td><td>耗用数量</td><td></td><td></td><td></td><td></td><td></td><td></td></tr>
<tr><td>分配金额</td><td></td><td></td><td></td><td></td><td></td><td></td></tr>
<tr><td colspan="2">金额小计</td><td></td><td></td><td></td><td></td><td></td><td></td></tr>
<tr><td rowspan="5">基本生产车间</td><td rowspan="2">一车间</td><td>耗用数量</td><td></td><td></td><td></td><td></td><td></td><td></td></tr>
<tr><td>分配金额</td><td></td><td></td><td></td><td></td><td></td><td></td></tr>
<tr><td rowspan="2">二车间</td><td>耗用数量</td><td></td><td></td><td></td><td></td><td></td><td></td></tr>
<tr><td>分配金额</td><td></td><td></td><td></td><td></td><td></td><td></td></tr>
<tr><td colspan="2">金额小计</td><td></td><td></td><td></td><td></td><td></td><td></td></tr>
<tr><td colspan="2" rowspan="2">管理部门</td><td>耗用数量</td><td></td><td></td><td></td><td></td><td></td><td></td></tr>
<tr><td>分配金额</td><td></td><td></td><td></td><td></td><td></td><td></td></tr>
<tr><td colspan="2" rowspan="2">销售部门</td><td>耗用数量</td><td></td><td></td><td></td><td></td><td></td><td></td></tr>
<tr><td>分配金额</td><td></td><td></td><td></td><td></td><td></td><td></td></tr>
<tr><td colspan="3">分配金额合计</td><td></td><td></td><td></td><td></td><td></td><td></td></tr>
</table>

➢二、制造费用的归集与分配实训用表

(一)按“生产工时比例分配法”分配编制制造费用分配表

本月生产工时 5 000 小时,其中甲产品 3 000 小时,乙产品 2 000 小时。按“生产工时比例分配法”进行分配,编制制造费用分配表。

附表 3-2-1 制造费用明细表

部门:基本生产车间　　　　2016 年 12 月　　　　单位:元

年		摘要	材料	职工薪酬	折旧费	水电费	修理费	保险费	邮电费	其他	合计
月	日										
12	31	分配									
	31	分配									
	31	分配									
	31	分配									
	31	分配									
	31	分配									
	31	分配									
	31	分配									
	31	合计									

附表 3-2-2 制造费用分配表

部门:基本生产车间　　　　2016 年 12 月

应借科目	生产工时	分配率	分配金额
生产成本——甲产品			
生产成本——乙产品			
合计			

附表 3-2-3 记账凭证

年　　月　　日　　　　记字第　　号

摘要	会计科目		借方金额								贷方金额								记账✓
	总账科目	明细科目	十	万	千	百	十	元	角	分	十	万	千	百	十	元	角	分	
附件　张	合　　计																		

会计主管　　　　记账　　　　出纳　　　　审核　　　　制单

(二)按“生产工资比例分配法”分配编制制造费用分配表

基本生产车间同时生产甲、乙两种产品，本期甲产品生产工人工资为 450 00 元，乙产品工人工资为 340 000 元，编制制造费用分配表。

附表 3-2-4　制造费用分配表

部门:基本生产车间　　2016 年 12 月　　单位:元

应借科目	生产工人人数	分配率	分配金额
基本生产成本——甲产品 ——乙产品			
合计			

(三)按“机器工时比例分配法”分配编制制造费用分配表

本月基本生产车间生产甲、乙两种产品，甲产品耗用机器工时数为 4 800 小时，乙产品耗用机器工时数为 5 100 小时。编制制造费用分配表。

附表 3-2-5　制造费用分配表

部门:基本生产车间　　2016 年 12 月

应借科目	生产机器工时	分配率	分配金额
基本生产成本——甲产品 ——乙产品			
合计			

(四)按“年度计划分配法”分配编制制造费用分配表

基本生产车间全年计划制造费用 960 000 元；全年各种产品的计划产量为：甲产品 3 500 件，乙产品 3 200 件，单件产品工时定额为甲产品 5 小时，乙产品 4.5 小时。12 月份实际产量为甲产品 400 件，乙产品 200 件。

附表 3-2-6　制造费用分配表

部门:基本生产车间　　2016 年 12 月　　单位:元

应借科目	计划年产量	单件工时定额	计划产量定额工时	计划年分配率	实际月产量	实际产量定额工时	应分配金额	实际与计划差额
基本生产车间——甲产品 ——乙产品								
合计								

附表 3－2－7 记账凭证

年 月 日 记字第 号

摘要	会计科目		借方金额								贷方金额								记账✓
	总账科目	明细科目	十	万	千	百	十	元	角	分	十	万	千	百	十	元	角	分	
附件 张	合 计																		

会计主管 记账 出纳 审核 制单

附表 3－2－8 记账凭证(结转差额)

年 月 日 记字第 号

摘要	会计科目		借方金额								贷方金额								记账✓
	总账科目	明细科目	十	万	千	百	十	元	角	分	十	万	千	百	十	元	角	分	
附件 张	合 计																		

会计主管 记账 出纳 审核 制单

三、废品损失的归集与分配实训用表

附表 3－3－1 不可修复废品生产成本计算单

部门:一车间(甲产品) 年 月 单位:月

项目	直接材料	直接人工	制造费用	合计
本月发生生产费用				
合格品数量				
废品折合数量(件)				
分配标准量				
费用分配率				
废品生产成本				

附表 3-3-2　不可修复废品生产成本计算单

部门:一车间(乙产品)　　　　年　　月　　　　单位:元

项目	直接材料	直接人工	制造费用	合计
计划单价				
定额耗用量				
废品定额成本				

附表 3-3-3　废品损失明细账

部门:一车间　　　　年　　月　　　　单位:元

摘要	甲产品	乙产品
可修复废品 直接材料 直接人工 制造费用		
小计		
不可修复废品 直接材料 直接人工 制造费用		
小计		
合计		
减:废品残值 责任人赔偿		
结转废品净损失		

附表 3-3-4　基本生产成本明细账

产品名称:甲　　　　年　　月　　　　合格品:　件　　单位:元

年		摘要	直接材料	直接人工	制造费用	废品损失	合计
月	日						
		分配材料费					
		分配工资及福利费					
		分配制造费用					
		结转不可修复废品生产成本					
		转入废品净损失					
		合计					
		单位成本					
		结转合格总成本					

附表 3－3－5　基本生产成本明细账

产品名称：乙　　　　年　　月　　　　合格品：　件　　单位：元

年		摘要	直接材料	直接人工	制造费用	废品损失	合计
月	日						
		分配材料费					
		分配工资及福利费					
		分配制造费用					
		结转不可修复废品生产成本					
		转入废品净损失					
		合计					
		单位成本					
		结转合格总成本					

四、停工损失的归集与分配实训用表

附表 3－4－1　停工损失明细账

部门：一车间　　　　年　　月　　　　单位：元

摘要	甲、乙产品
直接材料 直接人工 制造费用	
合计	
减：责任人赔偿	
结转停工净损失	

附表 3－4－2　基本生产成本明细账

产品名称：甲产品　　　　年　　月

合格品：480 件　　　　单位：元

年		摘要	直接材料	直接人工	制造费用	废品损失	合计
月	日						
		分配材料费	16 000				16 000
		分配工资及福利费		8 856			8 856
		分配制造费用			5 904		5 904
		结转不可修复废品生产成本					
		转入废品净损失					
		合计					
		单位成本					
		结转合格总成本					

附表 3-4-3　基本生产成本明细账

产品名称:乙产品　　　　　　　　年　月　日

合格品:290 件　　　　　　　　　　　　　　　　单位:元

年		摘要	直接材料	直接人工	制造费用	废品损失	合计
月	日						
		分配材料费	8 600				8 600
		分配工资及福利费		3 600			3 600
		分配制造费用			2 800		2 800
		结转不可修复废品生产成本					
		转入废品净损失					
		合计					
		单位成本					
		结转合格总成本					

附表 3-4-4　停工损失明细账

部门:二车间　　　　　　　　年　月　日　　　　　　　　单位:元

摘要	丙产品
直接材料 直接人工 制造费用	
合计	
减:责任人赔偿	
结转停工净损失	

第四章《生产费用在完工产品与在产品之间分配实训》实训用表

一、约当产量法实训用表

附表 4-1-1　约当产量计算表

名称：A 零件

工序	产品定额工时（小时）	在产品完工率	在产品数量	在产品约当量
一				
二				
三				
合计				

附表 4-1-2　约当产量计算表

名称：B 零件

工序	产品定额工时（小时）	在产品完工率	在产品数量	在产品约当量
一				
二				
合计				

附表 4-1-3　产品成本计算表

产品名称：

成本项目	生产费用合计	产品数量		分配率	完工产品	月末在产品
		完工产品	在产品			
直接材料						
直接人工						
制造费用						
合计						

二、定额比例法实训用表

附表 4-2-1　产品成本计算单

产品名称：　　　　　　　　　　年　　月　　　　　　　　　　单位：元

摘要	直接材料	直接人工	制造费用	合计
月初在产品成本				
本月生产费用				
生产费用合计				
完工产品总定额				
在产品总定额				
分配率				
完工产品总成本				
完工产品单位成本				
月末在产品成本				

三、定额成本法实训用表

附表 4-3-1　产品成本计算单

产品名称：　　　　　　　　　　年　　月　　　　　　　　　　单位：元

摘要	直接材料	直接人工	制造费用	合计
月初在产品成本				
本月生产费用				
生产费用合计				
完工产品总成本				
完工产品单位成本				
月末在产品成本				

第五章《成本核算的基本方法实训》实训用表

一、品种法实训用表

附表 5-1-1　其他费用分配表

2016 年 10 月 31 日

部门	办公费	劳动保护费	差旅费	其他费用	合计
一车间					
二车间					
供电车间					
机修车间					
管理部门					
合计					

附表 5-1-2　周转材料分配表

2016 年 10 月 31 日

分配对象	一车间	二车间	供电车间	机修车间	合计
分配金额					
合计					

附表 5-1-3　材料费用分配表

2016 年 10 月 31 日

<table>
<tr><th colspan="2" rowspan="2">分配对象</th><th rowspan="2">成本费用项目</th><th rowspan="2">直接计入</th><th colspan="3">分配计入</th><th rowspan="2">材料费用合计</th></tr>
<tr><th>定额费用</th><th>分配率</th><th>应分配额</th></tr>
<tr><td colspan="2">甲产品</td><td>直接材料</td><td></td><td></td><td></td><td></td><td></td></tr>
<tr><td colspan="2">乙产品</td><td>直接材料</td><td></td><td></td><td></td><td></td><td></td></tr>
<tr><td colspan="3">小计</td><td></td><td></td><td></td><td></td><td></td></tr>
<tr><td colspan="2">丙产品</td><td>直接材料</td><td></td><td></td><td></td><td></td><td></td></tr>
<tr><td rowspan="3">一车间</td><td>一般耗用</td><td>机物料</td><td></td><td></td><td></td><td></td><td></td></tr>
<tr><td>修理用</td><td>修理费</td><td></td><td></td><td></td><td></td><td></td></tr>
<tr><td colspan="2">小计</td><td></td><td></td><td></td><td></td><td></td></tr>
<tr><td rowspan="3">二车间</td><td>一般耗用</td><td>机物料</td><td></td><td></td><td></td><td></td><td></td></tr>
<tr><td>修理用</td><td>修理费</td><td></td><td></td><td></td><td></td><td></td></tr>
<tr><td colspan="2">小计</td><td></td><td></td><td></td><td></td><td></td></tr>
</table>

续附表 5-1-3

供电车间	一般耗用	机物料					
	修理用	修理费					
	小计						
机修车间	一般耗用	机物料					
	修理用	修理费					
	小计						
合计							

附表 5-1-4 职工薪酬费用分配表

2016 年 10 月 31 日

分配对象	成本费用项目	直接计入	分配计入			工资费用合计
			生产工时	分配率	应分配额	
甲产品						
乙产品						
小计						
丙产品						
一车间管理人员						
二车间管理人员						
供电车间人员						
机修车间人员						
管理部门						
合计						

附表 5-1-5 固定资产折旧费用分配表

2016 年 10 月 31 日

使用部门	上月折旧费	本月应增加计提费用	本月应减少计提费用	本月应计提折旧费
一车间				
二车间				
供电车间				
机修车间				
管理部门				
合计				

附表 5-1-6　待摊费用分配表

2016 年 10 月 31 日

使用部门	费用项目	本期摊销金额	尚未摊销金额
一车间			
二车间			
供电车间			
机修车间			
合计			

附表 5-1-7　利息费用计提表

2016 年 10 月 31 日

部门	费用项目	本期计提金额	累计计提金额
财务部门			
合计			

附表 5-1-8　辅助生产成本明细账

车间：供电车间

2016 年 10 月 31 日

日期	摘要	人工费用	折旧费	修理费	机物料消耗	周转材料摊销	办公费	差旅费	劳动保护费	其他费用	合计
	分配职工薪酬										
	计提折旧费用										
	分配材料费用										
	摊销周转材料										
	支付其他费用										
	小计										
	分配转入										
	分配转出										
	本月合计										
	本月转出										

附表 5-1-9　辅助生产成本明细账

车间:机修车间　　　　2016 年 10 月 31 日

日期	摘要	人工费用	折旧费	修理费	机物料消耗	周转材料摊销	办公费	差旅费	劳动保护费	其他费用	合计
	分配职工薪酬										
	计提折旧费用										
	分配材料费用										
	摊销周转材料										
	支付其他费用										
	小计										
	分配转入										
	分配转出										
	本月合计										
	本月转出										

附表 5-1-10　辅助生产成本明细账

车间:一车间　　　　2016 年 10 月 31 日

日期	摘要	人工费用	折旧费	修理费	机物料消耗	周转材料摊销	办公费	差旅费	劳动保护费	其他费用	合计
	分配职工薪酬										
	计提折旧费用										
	分配材料费用										
	摊销周转材料										
	支付其他费用										
	小计										
	分配转入										
	分配转出										
	本月合计										
	本月转出										

附表 5－1－11　辅助生产费用分配表

2016 年 10 月 31 日

分配对象		交互分配			对外分配		
辅助生产车间名称		供电车间	机修车间	合计	供电车间	机修车间	合计
待分配费用							
供应劳务量							
分配率							
供电车间	耗用数量						
	分配金额						
机修车间	耗用数量						
	分配金额						
小计							
甲产品	耗用数量						
	分配金额						
乙产品	耗用数量						
	分配金额						
丙产品	耗用数量						
	分配金额						
小计							
一车间	耗用数量						
	分配金额						
二车间	耗用数量						
	分配金额						
小计							
管理部门	耗用数量						
	分配金额						
合计							

附表 5-1-12　制造费用明细账

车间:二车间　　2016 年 10 月 31 日

日期	摘要	人工费用	折旧费	修理费	机物料消耗	周转材料摊销	办公费	差旅费	劳动保护费	其他费用	合计
	分配职工薪酬										
	计提折旧费用										
	分配材料费用										
	摊销周转材料										
	支付其他费用										
	小计										
	分配转入										
	分配转出										
	本月合计										
	本月转出										

附表 5-1-13　制造费用分配表

2016 年 10 月 31 日

分配对象	生产工时	分配率	分配金额
甲产品			
乙产品			
小计			
丙产品			
合计			

附表 5-1-14　完工产品和月末在产品定额计算表

2016 年 10 月 31 日

产品名称		数量	原材料		其他费用	
			费用定额	定额费用	工时定额	定额工时
完工产品	甲					
	乙					
	丙					
在产品	甲					
	乙					
	丙					
总定额	甲					
	乙					
	丙					

附表 5－1－15　完工产品和月末在产品成本计算表

产品名称:甲产品　　　　　　　　2016 年 10 月 31 日

项目	直接材料	直接人工	制造费用	合计
月初在产品成本				
本月生产费用				
生产费用累计				
分配率				
完工产品定额				
月末在产品定额				
小计				
完工产品成本				
单位成本				
月末在产品成本				

附表 5－1－16　完工产品与月末在产品成本计算表

产品名称:乙产品　　　　　　　　2016 年 10 月 31 日

项目	直接材料	直接人工	制造费用	合计
月初在产品成本				
本月生产费用				
生产费用累计				
完工产品总成本				
单位成本				

附表 5－1－17　完工产品和月末在产品成本计算表

产品名称:丙产品　　　　　　　　2016 年 10 月 31 日

项目	直接材料	直接人工	制造费用	合计
月初在产品成本				
本月生产费用				
生产费用累计				
分配率				
完工产品定额				
月末在产品定额				
小计				
完工产品成本				
单位成本				
月末在产品成本				

附表 5－1－18　产品成本汇总表

2016 年 10 月 31 日

产品	甲产品		乙产品		丙产品		合计
	总成本	单位成本	总成本	单位成本	总成本	单位成本	
直接材料							
直接人工							
制造费用							
合计							

附表 5－1－19　基本生产成本明细账

产品名称：甲产品　　2016 年 10 月 31 日

2016 年		凭证字号	摘要	直接材料	直接人工	制造费用	合计
月	日						
			月初在产品成本				
			分配材料费				
			分配职工薪酬				
			分配动力费				
			分配制造费用				
			本月生产费用				
			生产费用合计				
			结转产品成本				
			单位成本				
			月末在产品成本				

附表 5－1－20　基本生产成本明细账

产品名称：乙产品　　2016 年 10 月 31 日

2016 年		凭证字号	摘要	直接材料	直接人工	制造费用	合计
月	日						
			月初在产品成本				
			分配材料费				
			分配职工薪酬				
			分配动力费				
			分配制造费用				
			本月生产费用				
			生产费用合计				
			结转产品成本				
			单位成本				

附表 5-1-21 基本生产成本明细账

产品名称:丙产品　　2016 年 10 月 31 日

2016 年		凭证字号	摘要	直接材料	直接人工	制造费用	合计
月	日						
			月初在产品成本				
			分配材料费				
			分配职工薪酬				
			分配动力费				
			分配制造费用				
			本月生产费用				
			生产费用合计				
			结转产品成本				
			单位成本				
			月末在产品成本				

附表 5-1-22 管理费用明细账

2016 年 10 月 31 日

日期	摘要	工资费用	折旧费	修理费	水电费	办公费	差旅费	劳保费	其他费用	合计
	分配职工薪酬									
	计提折旧									
	其他费用支付									
	分配辅助生产费用									
	本月合计									
	本月转出									

附表 5-1-23 财务费用明细账

2016 年 10 月 31 日

日期	摘要	利息	其他	合计
	计提本月利息费用			
	本月合计			
	本月转出			

附表 5-1-24　科目汇总表

2016 年 10 月 31 日

会计科目	过账	本期发生额	
		借方	贷方
合计			

二、分批法实训用表

(一)按产品批别开设成本明细账

附表 5-2-1　材料费用分配表

2016 年 10 月

产品名称	数量/件	单位材料定额费用/元	总定额费用/元	分配率	分配额/元
合计					

(二)根据外购动力情况,按生产工时比例法分配外购动力费,编制外购动力费用分配表

附表 5-2-2　外购动力分配表

2016 年 10 月

产品名称	用电量/度	分配率	分配额/元
合计			

(三)根据职工薪酬费用,按生产工时比例法分配职工薪酬,编制职工薪酬分配表

附表 5-2-3 职工薪酬分配表

2016 年 10 月

产品名称	生产总工时/小时	分配率	分配额/元
合计			

(四)根据辅助生产车间发生的费用情况,月末直接结转计入基本生产车间

附表 5-2-4 辅助生产成本明细账

2016 年 10 月　　单位:元

摘要	材料费用	职工薪酬	折旧费	办公费	水电	其他	合计	转出
合计								

(五)根据基本生产车间的耗用情况,按生产工时比例编制制造费用分配表

附表 5-2-5 制造费用明细账

车间:　　2016 年 10 月　　单位:元

摘要	材料费用	职工薪酬	折旧费	办公费	水电	其他	合计	转出
合计								

附表 5－2－6　制造费用分配表

2016 年 10 月

产品名称	生产总工时/小时	分配率	分配额/元
合计			

(六)登记各批产品生产成本明细账

附表 5－2－7　产品成本明细账

单位:元

产品批次:001　　投产日期:　9 月 12 日

产品产量:40 件　　2016 年 10 月　　完工日期:　10 月 31 日

摘要	直接材料	直接人工	制造费用	合计
合计				

附表 5－2－8　产品成本明细账

单位:元

产品批次:002　　投产日期:　10 月　2 日

产品产量:50 件　　2016 年 10 月　　完工日期:　10 月 31 日

摘要	直接材料	直接人工	制造费用	合计
合计				

附表 5-2-9　产品成本明细账

单位:元

产品批次:003　　投产日期: 10 月 12 日

产品产量:30 件　　2016 年 10 月　　完工日期: 10 月 31 日

摘要	直接材料	直接人工	制造费用	合计
合计				

附表 5-2-10　产品成本明细账

单位:元

产品批次:004　　投产日期:10 月 12 日

产品产量:20 件　　2016 年 10 月　　完工日期:未完工

摘要	直接材料	直接人工	制造费用	合计
合计				

三、简化分批法实训用表

附表 5-3-1　生产成本二级账(各批全部产品成本)

单位:元

月	日	摘要	原材料	生产工时	直接人工	制造费用	合计

附表 5-3-2 产品成本明细账

单位:元

产品批次:001 号　　产品名称:A 产品　　开工日期:7 月 10 日

订货单位:甲工厂　　产品产量:30 件　　完工日期:9 月 30 日

月	日	摘要	原材料	生产工时/小时	直接人工	制造费用	合计

附表 5-3-3 产品成本明细账

单位:元

产品批次:002 号　　产品名称:B 产品　　开工日期:8 月 10 日

订货单位:乙工厂　　产品产量:10 件　　完工日期:9 月 30 日

月	日	摘要	原材料	生产工时/小时	直接人工	制造费用	合计

附表 5-3-4 产品成本明细账

单位:元

产品批次:003 号　　产品名称:C 产品　　开工日期:8 月 5 日

订货单位:丙工厂　　产品产量:24 件　　完工日期:

月	日	摘要	原材料	生产工时/小时	直接人工	制造费用	合计

附表 5-3-5 产品成本明细账

单位:元

产品批次:004 号　　产品名称:D 产品　　开工日期:8 月 5 日

订货单位:丁工厂　　产品产量:20 件　　完工日期:

月	日	摘要	原材料	生产工时/小时	直接人工	制造费用	合计

四、逐步综合结转分步法实训用表

(一)第一步骤产品成本计算

附表 5-4-1 第一步骤产品成本计算单

产品名称:甲半成产品　　2016 年 11 月　　单位:元

项目	直接材料	直接人工	制造费用	合计
月初在产品成本				
本月发生费用				
生产费用合计				
完工产品数量/件				
在产品约当量/件				
总约当产量/件				
单位成本(元/件)				
转出 A 半成品成本				
月末在产品成本				

(二)第二步骤产品成本计算

附表 5-4-2 第二步骤产品成本计算单

产品名称:甲半成品　　2016 年 11 月　　单位:元

项目	直接材料	直接人工	制造费用	合计
月初在产品成本				
本月发生费用				
生产费用合计				
完工产品数量/件				
在产品约当量/件				
总约当产量/件				
单位成本(元/件)				
转出 A 半成品成本				
月末在产品成本				

(三)第三步骤产品成本计算

附表 5-4-3　第三步骤产品成本计算单

产品名称:甲产品　　　　2016 年 11 月　　　　单位:元

项目	直接材料	直接人工	制造费用	合计
月初在产品成本				
本月发生费用				
生产费用合计				
完工产品数量/件				
在产品约当量/件				
总约当产量/件				
单位成本(元/件)				
转出 A 半成品成本				
月末在产品成本				

(四)成本还原

按半成品各成本项目占全部成本的比重还原。

附表 5-4-4　产品成本还原计算表

2016 年 11 月　　　　单位:元

成本项目	第一步骤甲半成品		第二步骤甲半成品		第三步骤产成品			原始成本项目合计	还原后的单位成本
	成本	成本项目比重(%)	成本	成本项目比重(%)	成本	还原成第二步	还原成第一步		
	①	②	③	④	⑤	⑥=1600×④	⑦=1200×②	⑧=⑤+⑥+⑦	⑨=⑧/产量
一步骤甲半成品									
二步骤甲半成品									
直接材料									
直接人工									
制造费用									
合计									

五、平行结转分步法实训用表

(一)第一步骤

附表 5-5-1　产品成本计算单

第一步骤:甲半成品　　2016 年 11 月　　单位:元

<table>
<tr><td colspan="2">项目</td><td>直接材料</td><td>直接人工</td><td>制造费用</td><td>合计</td></tr>
<tr><td colspan="2">月初在产品成本</td><td></td><td></td><td></td><td></td></tr>
<tr><td colspan="2">本月生产费用</td><td></td><td></td><td></td><td></td></tr>
<tr><td colspan="2">生产费用合计</td><td></td><td></td><td></td><td></td></tr>
<tr><td colspan="2">分配率</td><td></td><td></td><td></td><td></td></tr>
<tr><td rowspan="2">应计入产成品成本“份额”</td><td>定额</td><td></td><td></td><td></td><td></td></tr>
<tr><td>实际</td><td></td><td></td><td></td><td></td></tr>
<tr><td rowspan="2">月初在产品成本</td><td>定额</td><td></td><td></td><td></td><td></td></tr>
<tr><td>实际</td><td></td><td></td><td></td><td></td></tr>
</table>

(二)第二步骤

附表 5-5-2　产品成本计算单

第二步骤:甲产品　　2016 年 11 月　　单位:元

<table>
<tr><td colspan="2">项目</td><td>直接材料</td><td>直接人工</td><td>制造费用</td><td>合计</td></tr>
<tr><td colspan="2">月初在产品成本</td><td></td><td></td><td></td><td></td></tr>
<tr><td colspan="2">本月生产费用</td><td></td><td></td><td></td><td></td></tr>
<tr><td colspan="2">生产费用合计</td><td></td><td></td><td></td><td></td></tr>
<tr><td colspan="2">分配率</td><td></td><td></td><td></td><td></td></tr>
<tr><td rowspan="2">应计入产成品成本“份额”</td><td>定额</td><td></td><td></td><td></td><td></td></tr>
<tr><td>实际</td><td></td><td></td><td></td><td></td></tr>
<tr><td rowspan="2">月初在产品成本</td><td>定额</td><td></td><td></td><td></td><td></td></tr>
<tr><td>实际</td><td></td><td></td><td></td><td></td></tr>
</table>

附表 5-5-3　产品成本汇总表

产品名称:甲产品　　2016 年 11 月

产量:500 件　　单位:元

成本项目	第一步骤“份额”	第二步骤“份额”	总成本	单位成本
直接材料				
直接人工				
制造费用				
合计				

第六章《成本核算的辅助方法实训》实训用表

一、分类法实训用表

附表 6-1-1　产品用料系数计算表

产品名称	材料消耗定额（千克）	用料系数
甲	9.6	
乙	8	
丙	6.4	

附表 6-1-2　产品成本明细账

摘要	直接材料	直接人工	制造费用	合计
月初在产品成本				
本月费用				
生产费用合计				
本月完工产品成本				
月末在产品成本				

附表 6-1-3　各种产品成本计算表

项目	产量（件）	直接材料费用系数	直接材料费用总系数	工时定额	定额工时	直接材料	直接人工	制造费用	合计
分配率									
甲									
乙									
丙									
合计									

二、定额法实训用表

附表 6-2-1　原材料定额成本和脱离定额差异计算表

产品名称:甲产品

投产量:600 件　　　　2016 年 11 月

材料名称	计量单位	计划单价	定额成本			计划价格费用		脱离定额差异		差异原因
			消耗定额	定额耗用量	金额(元)	实际消耗量	金额(元)	消耗量差异	费用差异(元)	
M 材料										
N 材料										
辅助材料										
合计										

附表 6-2-2　定额人工费用和脱离定额差异汇总表

产品名称:甲产品

投产量:600 件　　　　2016 年 11 月

定额人工费用			实际人工费用			脱离定额差异(元)
定额生产工时	计划小时工资率	金额合计(元)	实际生产工时	实际工时工资率	金额合计(元)	

附表 6-2-3　定额制造费用和脱离定额差异汇总表

产品名称:甲产品

投产量:600 件　　　　2016 年 11 月

定额人工费用			实际人工费用			脱离定额差异(元)
定额生产工时	计划小时工资率	金额合计(元)	实际生产工时	实际工时工资率	金额合计(元)	

附表 6-2-4　产品成本明细账

2016 年 11 月　　　　单位：元

摘要		直接材料	直接人工	制造费用	合计
月初在产品	定额成本				
	脱离定额差异				
月初在产品定额变动	定额成本调整				
	定额变动差异				
本月生产费用	定额成本				
	脱离定额差异				
	材料成本差异				
生产费用合计	定额成本				
	脱离定额差异				
	材料成本差异				
	定额变动差异				
差异分配率	脱离定额差异				
本月产成品	定额成本				
	脱离定额差异				
	材料成本差异				
	定额变动差异				
	实际成本				
月末在产品	定额成本				
	脱离定额差异				

第七章 《成本报表的编制与分析实训》实训用表

一、产品生产成本报表的编制与分析实训用表

附表 7-1-1 产品生产成本表

2016 年 11 月

产品名称	计量单位	本年实际产量	单位成本			本年累计总成本		
			上年	计划	本年	上年	计划	本年
A								
B								
C								
合计								

附表 7-1-2 可比产品成本计划降低任务表

2016 年 11 月

产品名称	计量产量	单位成本		总成本		降低任务	
		上年	计划	上年	计划	降低额	降低率
A							
B							
C							
合计							

附表 7-1-3 可比产品成本实际完成情况表

2016 年 11 月

产品名称	实际产量	单位成本			总成本			降低任务	
		上年	计划	实际	上年	计划	实际	降低额	降低率
A									
B									
C									
合计									

附表 7-1-4　因素分析计算表

2016 年 11 月

影响因素				计算方法	
顺序	产量	品种构成	单位成本	降低额(元)	降低率(%)
(1)	计划	计划	计划		
(2)	实际	计划	计划		
(3)	实际	实际	计划		
(4)	实际	实际	实际		
各因素影响	(2)—(1):产量因素影响 (3)—(2):品种构成影响 (4)—(3):单位成本因素影响				
合计					

二、主要产品单位成本表的编制与分析实训用表

附表 7-2-1　甲产品原材料费用分析表

2016 年 11 月　　单位:元

原材料名称	计量单位	单位消耗量		材料单价		材料成本		差异(元)
A 材料								
B 材料								
合计								

参考文献

[1] 杨英. 成本会计实训教程 [M]. 东南大学出版社，2012.

[2] 黄晓平. 成本会计实训 [M]. 武汉大学出版社，2012.

[3] 董淑芳. 成本会计实训教程 [M]. 郑州大学出版社，2009.

[4] 于福生，黎来芳，张敏. 成本会计学 [M]. 中国人名大学出版社，2014.

[5] 万寿义，任月君. 成本会计 [M]. 东北财经大学出版社，2013.

[6] 姜海华，蒋明东. 成本会计实训 [M]. 华中科技大学出版社，2007.

图书在版编目(CIP)数据

成本会计实训/白宁,李瑞瑞主编. 一西安:西安交通大学出版社,2017.3
ISBN 978-7-5605-9468-2

Ⅰ.①成… Ⅱ.①白… ②李… Ⅲ.①成本会计-高等学校-教学参考资料
Ⅳ.①F234.2

中国版本图书馆 CIP 数据核字(2017)第 046723 号

书　　名　成本会计实训
主　　编　白　宁　李瑞瑞
责任编辑　袁　娟

出版发行　西安交通大学出版社
(西安市兴庆南路 10 号　邮政编码 710049)
网　　址　http://www.xjtupress.com
电　　话　(029)82668357　82667874(发行中心)
(029)82668315(总编办)
传　　真　(029)82668280
印　　刷　陕西元盛印务有限公司

开　　本　787mm×1092mm　1/16　**印张**　8.125　**字数**　134 千字
版次印次　2017 年 3 月第 1 版　2017 年 3 月第 1 次印刷
书　　号　ISBN 978-7-5605-9468-2
定　　价　19.80 元

读者购书、书店添货、如发现印装质量问题,请与本社发行中心联系、调换。
订购热线:(029)82665248　(029)82665249
投稿热线:(029)82668133　(029)82665375
读者信箱:xj_rwjg@126.com